もっと
おいしい紅茶を
飲みたい人へ――

EXPRESS DAIRY
buy...
Brooke
Bond

Tea
Rooms

もっとおいしい紅茶を飲みたい人へ
What a Wonderful Tea World!

紅茶は楽しい。
紅茶が大好き、という人が最近とても多い。
実際、紅茶は世界じゅうで、水に次いでたくさん飲まれている。
嗜好飲料として、世界No.1の飲みものだ。
インド、スリランカ、ケニアなど
メジャーな紅茶生産地や紅茶メーカーごとに
人気のブレンドやさまざまなブランドの紅茶が
スーパーの棚いっぱいに並んでいて、どれを選ぶか迷ってしまうほど。

いれ方や飲み方、楽しみ方もいろいろ。
ティーバッグとリーフティー、どちらがおいしいのだろうか。

ストレート向きとミルクティー向きは、何が違うのか。
ジャンピングしないと、おいしくならないのか。

そんな疑問にお答えします。
おいしいいれ方のコツから、世界の銘柄と特徴、アレンジティー、
歴史を探るコラム、世界の紅茶を巡るエッセーまで
今まで知らなかった〝謎〟が解け
知れば知るほど、いつもの紅茶がみるみるおいしくなっていく！

ティーバッグをマグカップでいれても
茶葉をティーポットでていねいにいれても
いつでもだれとでも気軽に飲める紅茶は
人生の大切な時間をくつろぎと癒やしで温かく満たしてくれる。

もっとおいしい紅茶を飲みたい人、
紅茶を愛するすべての人たち――。
ようこそ、「すばらしき紅茶の世界！」へ。

田中 哲

もっとおいしい紅茶を飲みたい人へ
What a Wonderful Tea World!

1 今の気分にぴったりの紅茶の選び方

2 紅茶の基本

3 おいしい紅茶のいれ方

4 もっと知りたい！紅茶の楽しみ

5 茶葉について

・参考文献や参考資料は本文内に▼で記し、206ページに記載しました。

今の気分にぴったりの

紅茶の選び方

1

Tea for Two

Q1 「ふつうの紅茶」が飲みたいのですが、どこで買えますか？

A ふつうにおいしいい紅茶は、紅茶専門店はもちろん、コンビニやスーパーでも買うことができます。

「ふつうの紅茶」とは、ふつうにおいしい紅茶のことですね。

現在の日本の紅茶市場で販売されている紅茶の90％以上はティーバッグです（ペットボトルなどの飲料を除く）。ですからまずは、スーパーマーケットや食品専門スーパー、コンビニエンスストアなどで売られている人気商品のなかから、飲んでみたいと思うティーバッグを選んでみましょう。そうして、熱いお湯で十分に蒸らし時間をとる、正しいいれ方で味わってみることをおすすめします。

より本格的に紅茶を楽しみたい場合は、リーフティーを購入してティーポットでいれることをおすすめします。正しいいれ方のゴールデンルール（61ページ参照）にもとづいて、いれてみてください。

茶葉の種類は、ティーバッグでもリーフティーでも、紅茶本来の味と香りを味わうために、最初はフルーツフレーバーなどで着香されていない紅茶がよいでしょう。

各ブランドの商品名、パッケージデザインなどを見て、自分にとって魅力ある製品を見つけたら、パッケージに記載の原料原産地（輸入品の場合は原産国）の表示も参考にされるとよいでしょう。そこには、スリランカ（セイロン）、インド、ケニア、インドネシア、中国など国名の表示がされていますので、自分の好みの紅茶生産国を確認することができます。

紅茶の品ぞろえの充実した食品スーパーや紅茶専門店で、産地名から紅茶を選ぶ場合、日本人が長年にわたり最も親しんできた産地としてはスリランカ（セイロン）があげられますが、なかでもディンブラはその代表といえるでしょう。

また、世界最大の紅茶の国であるインドには、日本人にとって最も知名度が高く、だれもが知る紅茶としてダージリンがあります。ストレートでなく、牛乳を加えるミルクティーで楽しみたい場合は、なんといっても、アッサムの甘みのあるコクに勝るものはないといえるでしょう。


では、具体的にどんな紅茶を選んだらいいのでしょうか？

次のページから、シーン別に自分の好みや気分に合った紅茶に簡単にたどり着ける紅茶の選び方チャートをご用意しましたので、どんな紅茶を買ったらいいか、この食事にはどの紅茶が合うんだろう？と迷ったときの参考にしてみてください！

初級編 家で

自分用、自宅用に買いそろえて楽しむときに。

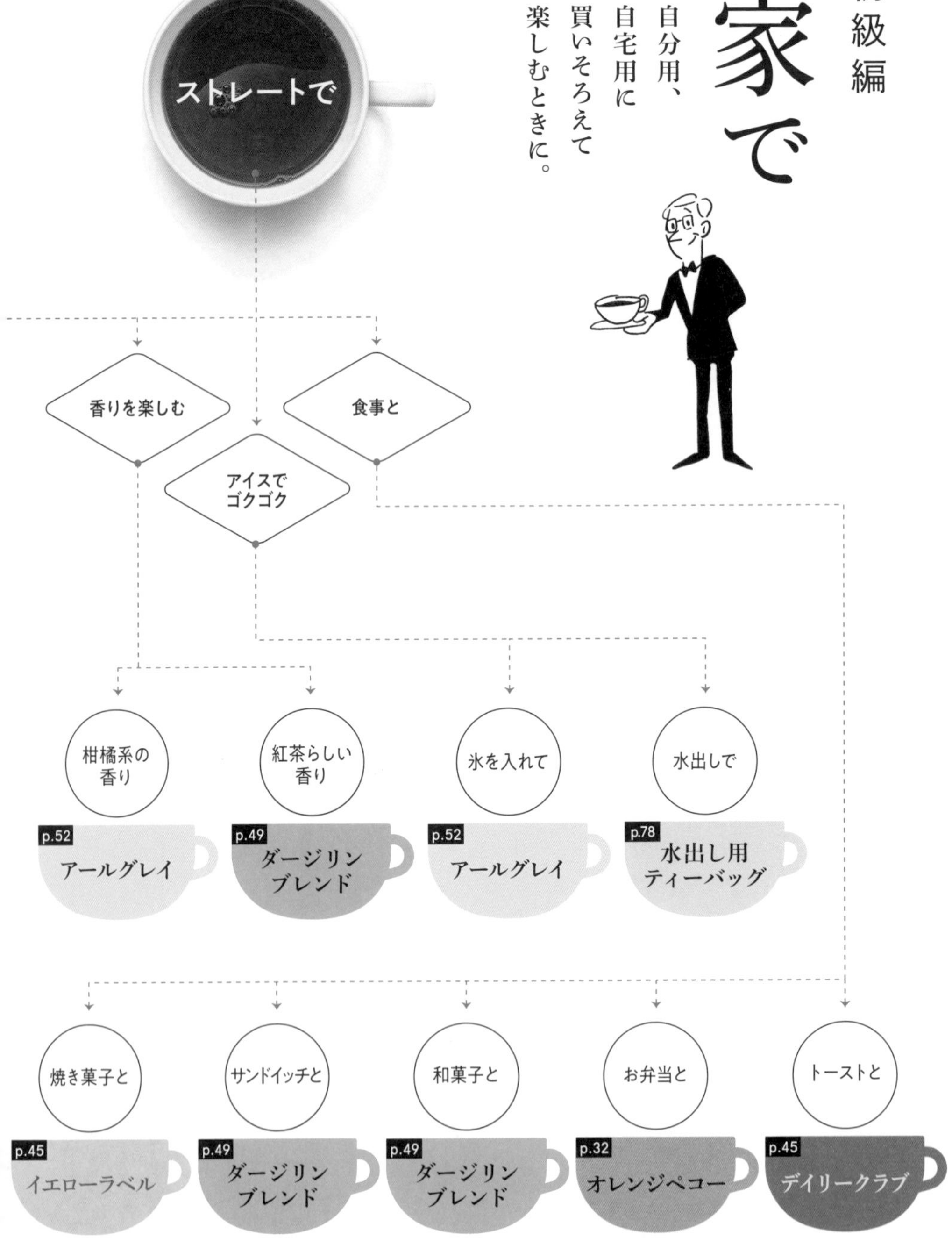

RTD〈Ready to Drink〉
紅茶飲料なら
（ペットボトルや缶入り）

華やかなアイスティーを楽しみたい
→果汁／果実入りフルーツティー

ミルクの濃厚さを味わいたい
→ミルクティー

お弁当やサンドイッチといっしょに
→無糖紅茶、ストレートティー

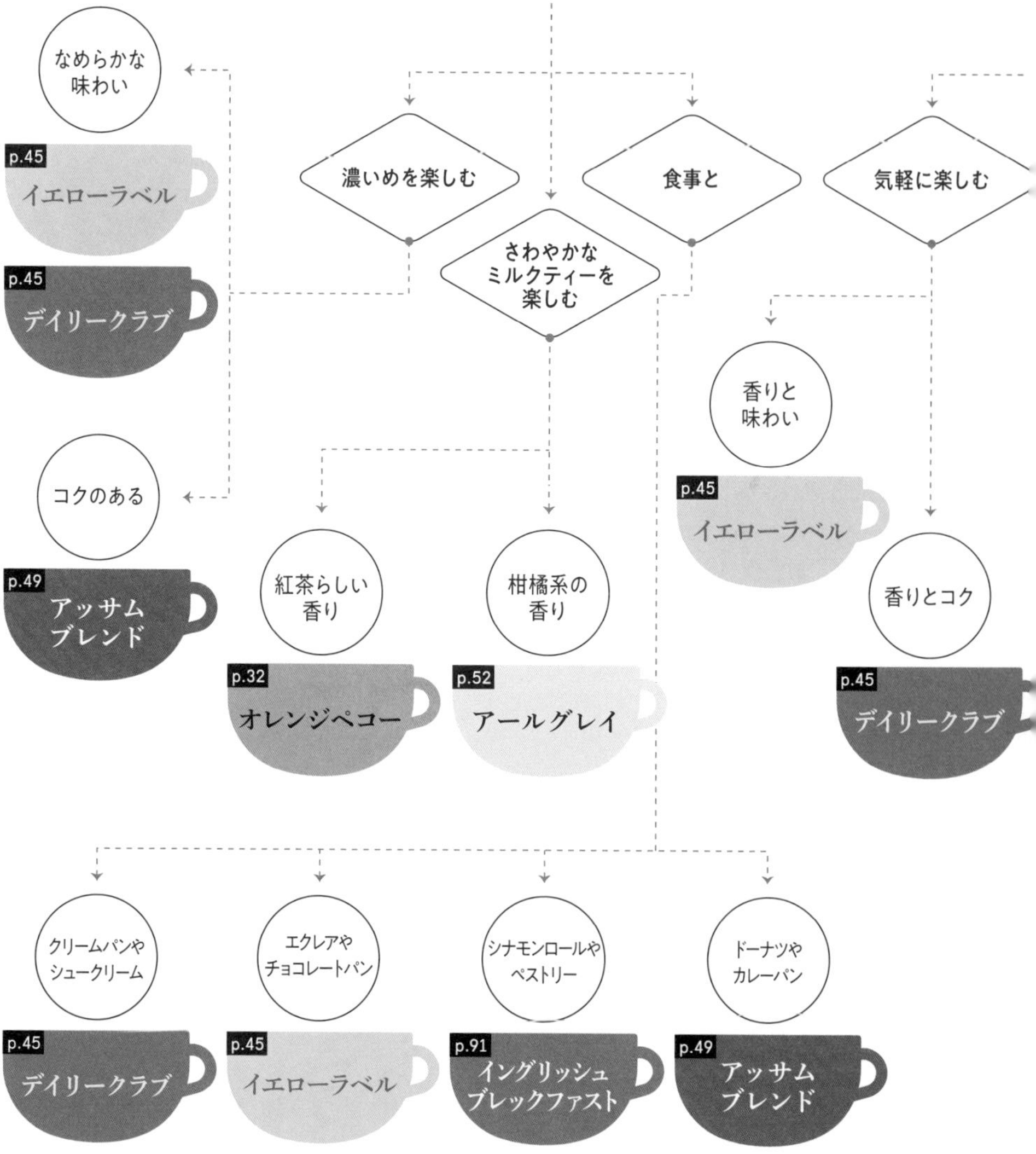

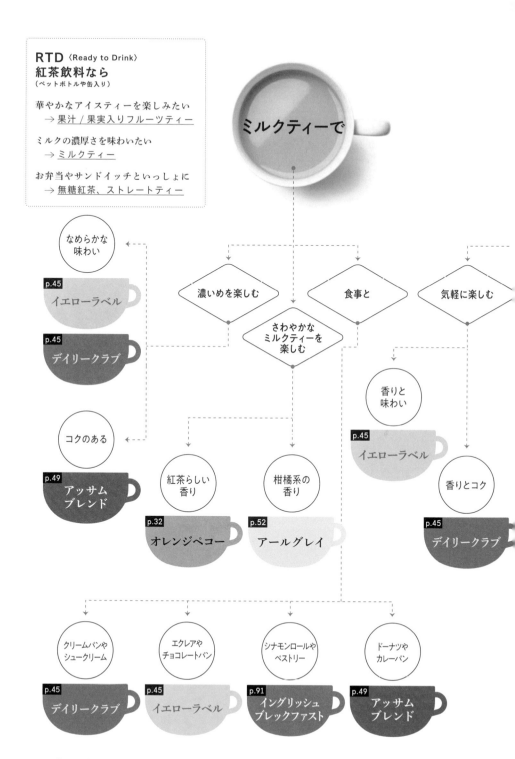

初級編
カフェで

カフェのティーメニューから選ぶとき。

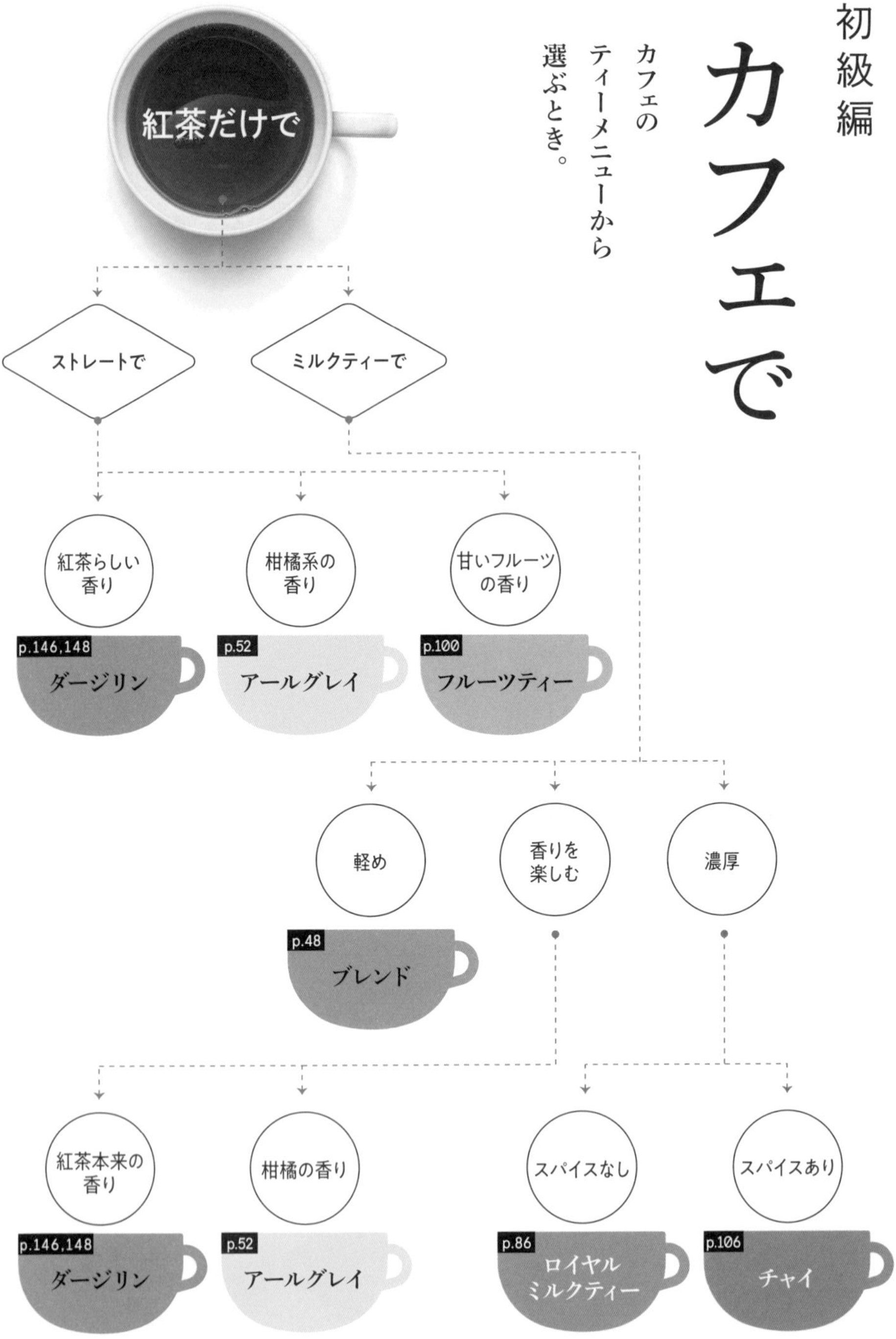

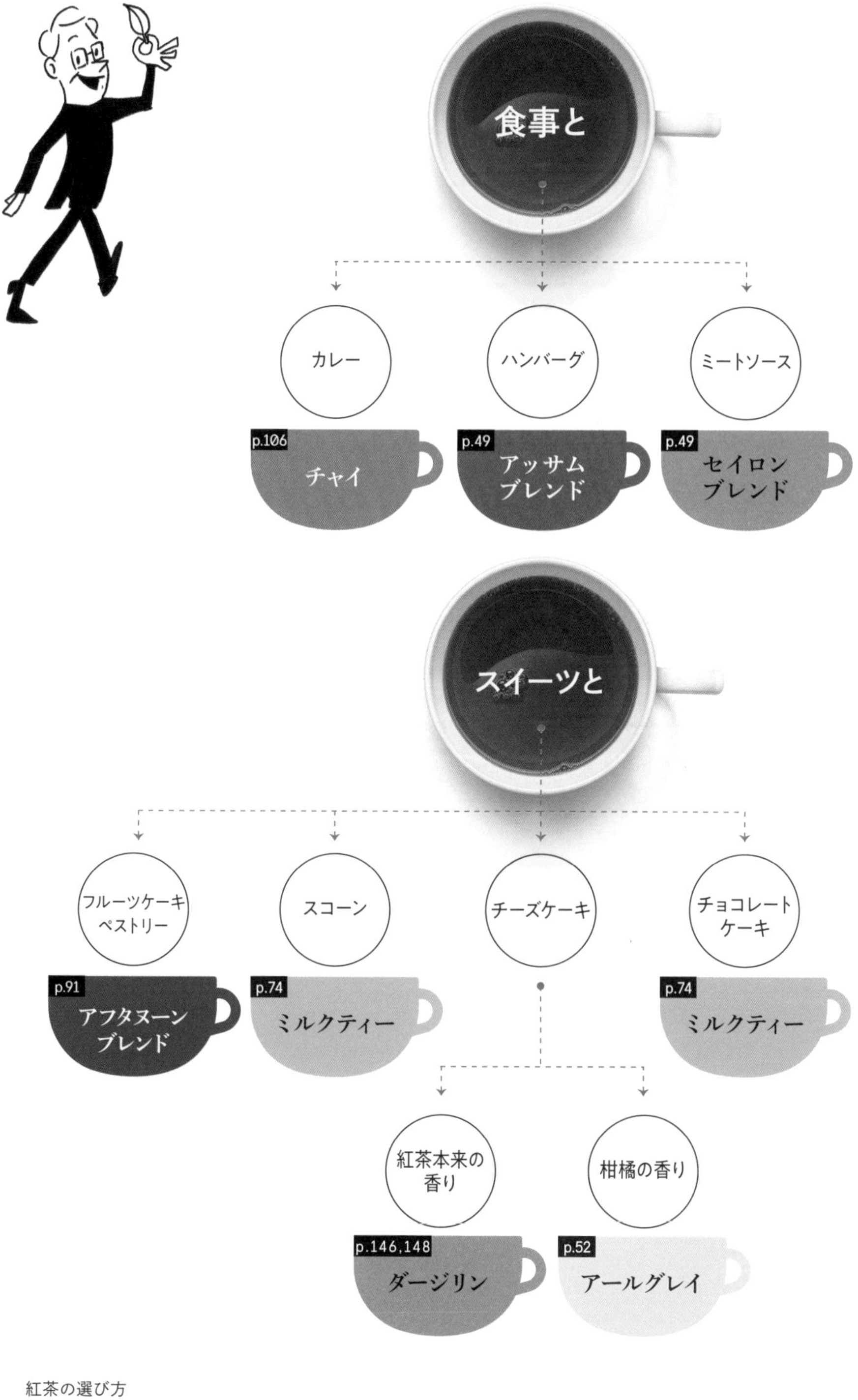
食事と
カレー
p.106
チャイ
ハンバーグ
p.49
アッサムブレンド
ミートソース
p.49
セイロンブレンド
スイーツと
フルーツケーキ
ペストリー
p.91
アフタヌーンブレンド
スコーン
p.74
ミルクティー
チーズケーキ
チョコレートケーキ
p.74
ミルクティー
紅茶本来の香り
p.146,148
ダージリン
柑橘の香り
p.52
アールグレイ

中級編

スーパーで

品ぞろえ豊富な
スーパーで買い集めて、
または買い足して
飲むとき。

シンプルに
ストレートが一番

香り高く
しっかりと
した味わい

p.146,148 ダージリン

さわやかで
クセのない
味わい

p.49 セイロンブレンド

お菓子の
ような甘い
香りが好き

p.50 キャラメルティー・バニラティー・はちみつ紅茶など

香りと
味わいがよく
飲みやすい

p.45 イエローラベル

軽やかな
香りとコクで
飲みやすい

p.45 デイリークラブ

ミルクティーは
紅茶がミルクで薄まるので
紅茶を濃いめに
いれるのがポイント

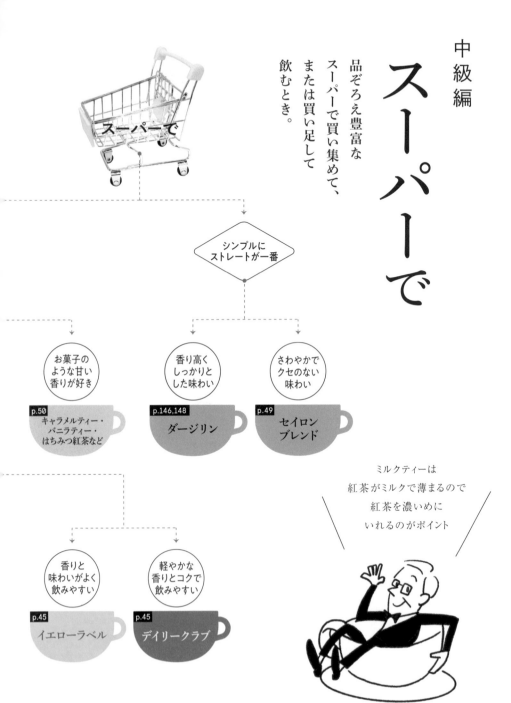

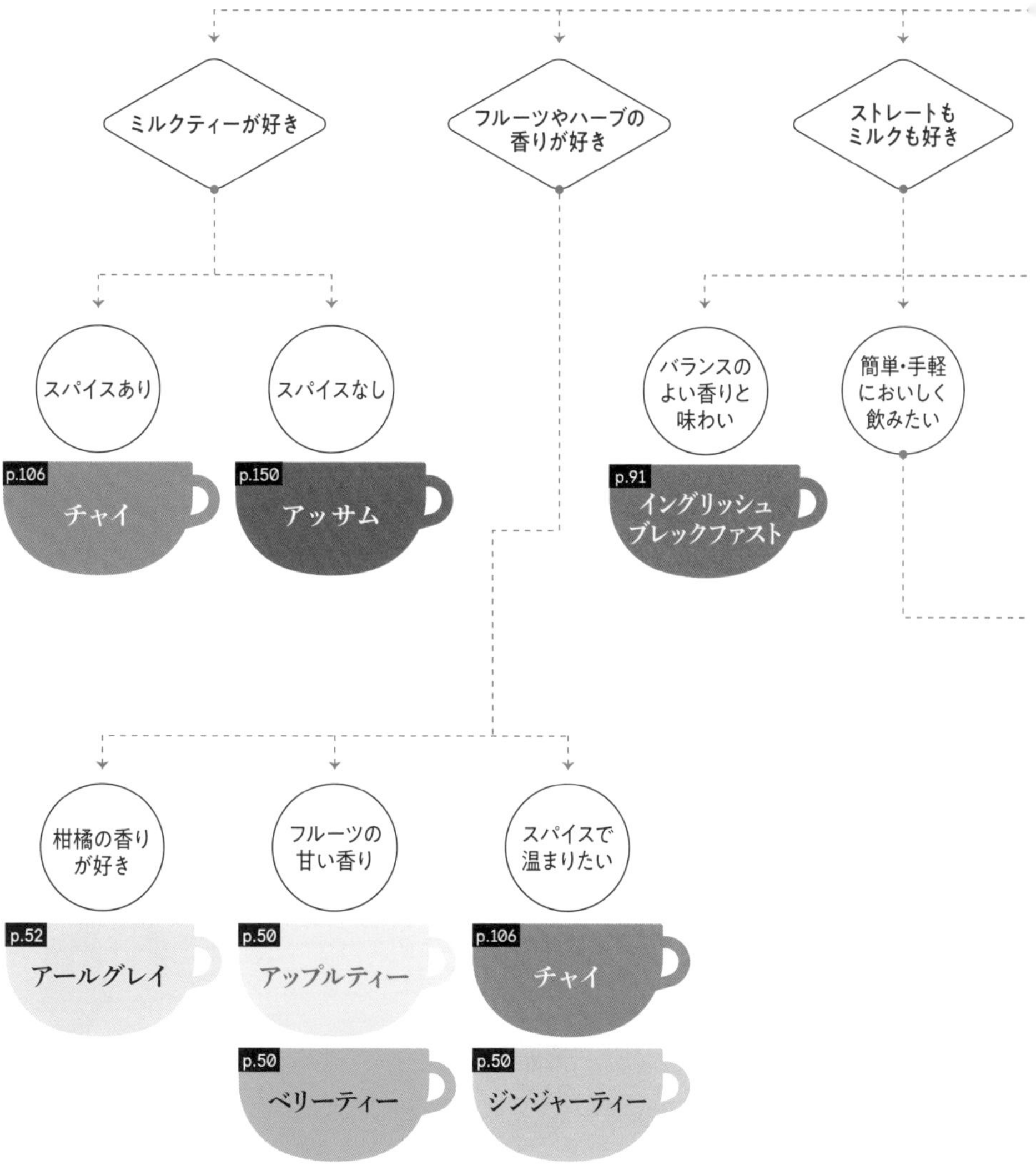

ミルクティーが好き
フルーツやハーブの香りが好き
ストレートもミルクも好き
スパイスあり
スパイスなし
バランスのよい香りと味わい
簡単・手軽においしく飲みたい
p.106
チャイ
p.150
アッサム
p.91
イングリッシュブレックファスト
柑橘の香りが好き
フルーツの甘い香り
スパイスで温まりたい
p.52
アールグレイ
p.50
アップルティー
p.106
チャイ
p.50
ベリーティー
p.50
ジンジャーティー

上級編

紅茶専門店で

マニアックな紅茶も含め、茶葉の品ぞろえが多くバラエティー豊かななかから選ぶとき。

- 紅茶の芳醇な香りと力強さを感じたい → p.148 ダージリン 2nd Q.S.
- クセがなくてアイスティーも楽しみたい → p.152 ニルギリ Q.S.
- 緑茶に近い味わい
  - 青葉のような繊細な香りを楽しみたい → p.146 ダージリン 1st Q.S.
  - レモンのようなさわやかな香りが好き → p.156 ヌワラエリヤ Q.S.

- お菓子のような甘い香りが好き → p.50 キャラメルティー・バニラティー・はちみつ紅茶など
- スパイスの香りが好き
  - ストレートで → p.50 シナモンティー・ジンジャーティー
  - ミルクと → p.106 マサラチャイ
- ハーブの香りが好き → p.50 ミントティー・レモングラスティー

Q.S. 特に高品質のクオリティーシーズンの紅茶にも注目してみてください

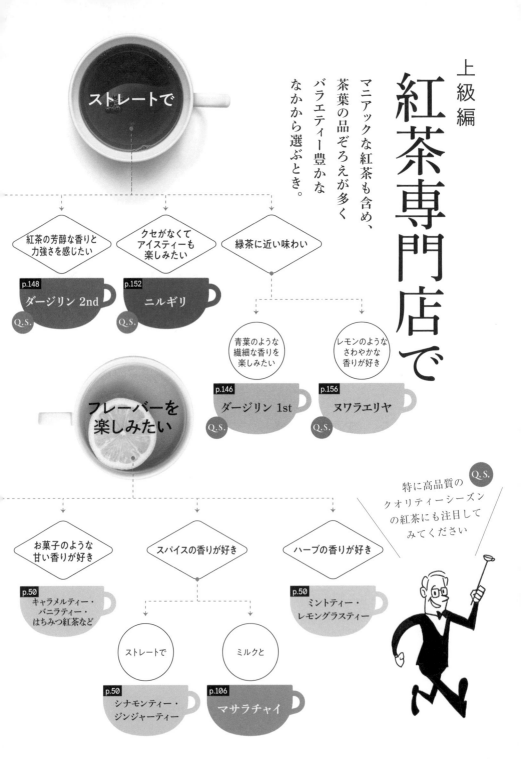

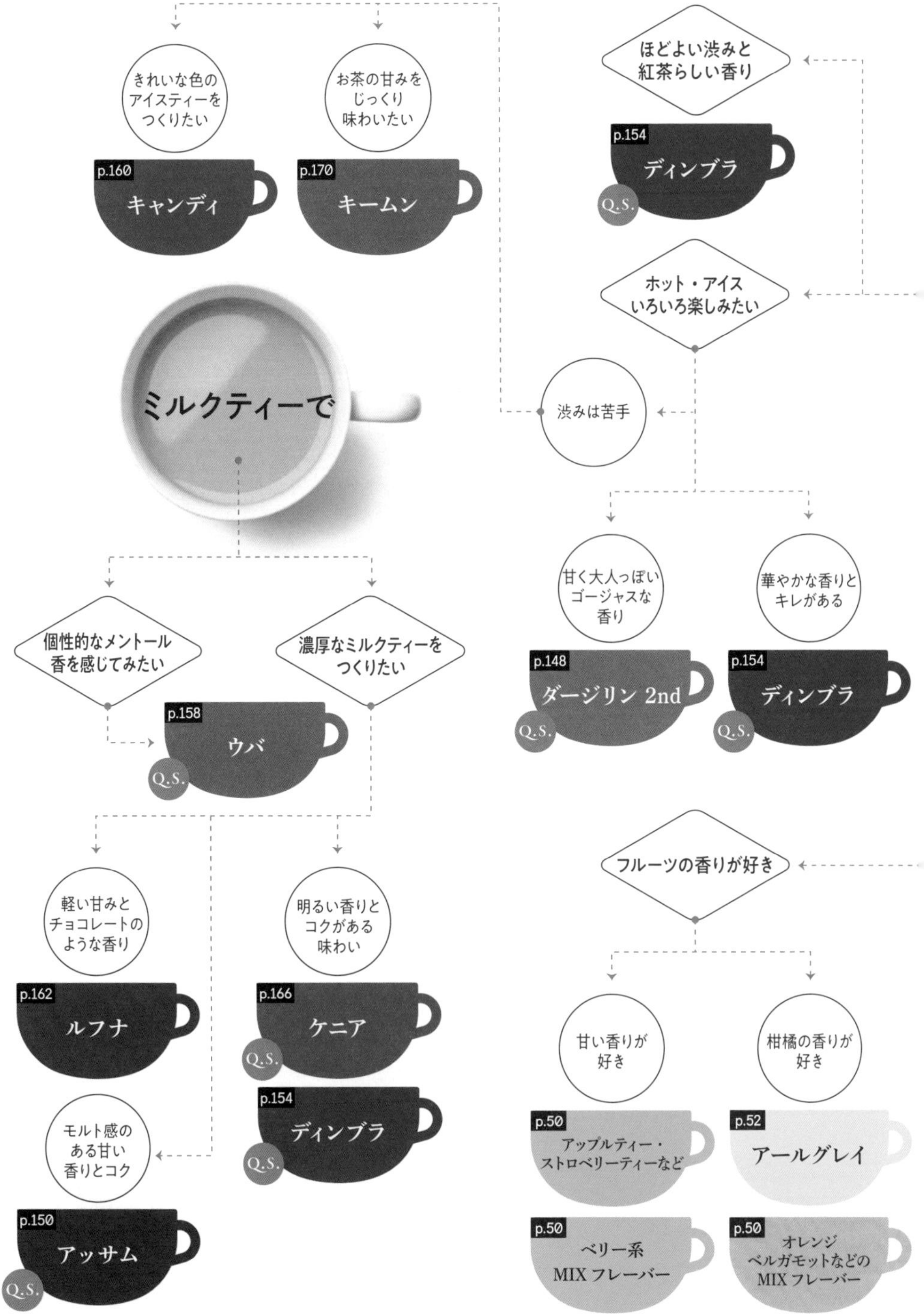
ミルクティーで
個性的なメントール香を感じてみたい
p.158
ウバ
Q.S.
濃厚なミルクティーをつくりたい
軽い甘みとチョコレートのような香り
p.162
ルフナ
モルト感のある甘い香りとコク
p.150
アッサム
Q.S.
明るい香りとコクがある味わい
p.166
ケニア
Q.S.
p.154
ディンブラ
Q.S.
きれいな色のアイスティーをつくりたい
p.160
キャンディ
お茶の甘みをじっくり味わいたい
p.170
キームン
ほどよい渋みと紅茶らしい香り
p.154
ディンブラ
Q.S.
ホット・アイスいろいろ楽しみたい
渋みは苦手
甘く大人っぽいゴージャスな香り
p.148
ダージリン 2nd
Q.S.
華やかな香りとキレがある
p.154
ディンブラ
Q.S.
フルーツの香りが好き
甘い香りが好き
p.50
アップルティー・ストロベリーティーなど
p.50
ベリー系 MIX フレーバー
柑橘の香りが好き
p.52
アールグレイ
p.50
オレンジ ベルガモットなどの MIX フレーバー

食事&スイーツ フードと紅茶のペアリング

ペアリングのコツは

1

お互いの個性を合わせる

酸味のあるフード+さわやかな紅茶、
濃厚なフード+コクや渋みのしっかりした紅茶

2

お互いを引き立てる

こってり系のフード+さわやかな紅茶、
さわやかなフード+コクのある紅茶

などがあります。
おすすめの組み合わせを参考に、
ペアリングを楽しんでみてくださいね。

紅茶のフードペアリングの原理を、
ワインと料理のペアリングを参考に考えてみると——

ワインの場合、「ボルドー(赤)」は肉料理に、「ブルゴーニュ(赤)」や「白ワイン」は魚料理や和食、刺し身などに合うといわれています。「ボルドー(赤)」を、発酵度が高くタンニン量の多いアッサム系茶樹のアッサム、ケニア、ウバに、「ブルゴーニュ(赤)」や「白ワイン」を、発酵度がやや浅くあっさりと軽い中国系が混じったダージリン、ニルギリ、ヌワラエリヤ、ジャワなどに置きかえてみる、というセオリーもありそうですね。

食事と紅茶を合わせる場合は、食事の味を損なわない
ノンフレーバードの紅茶がおすすめです。紅茶のほどよい渋みが、
口のなかをさっぱりとリフレッシュするので食事もおいしくすすみます。

あっさり系

魚介や野菜系の食事にはすっきりした軽めの紅茶がおすすめ。

おにぎり

セイロンブレンド ダージリン ニルギリ ジャワ ／ストレート

ごはんのやさしい甘みを引き立てつつ、軽めの渋みで口のなかをさっぱりと整えます。

納豆

ディンブラ ケニア アッサム ルフナ ／ミルクティー

納豆と醤油の独特の粘りけと風味を、ミルクティーがみごとに調和させます。

焼き魚

セイロンブレンド アッサム キームン ／ストレート、ミルクティー

焼き魚の油とあと味も紅茶の渋みと香りでまろやかに。二口目、三口目とおいしくすすむ組み合わせ。

お寿司

セイロンブレンド ディンブラ ニルギリ ヌワラエリヤ ／ストレート

魚の生臭さや油っぽさ、醤油のあと味を、紅茶ポリフェノールがすっきり消して、口のなかをリセットします。

サンドイッチ

ディンブラ ダージリン アールグレイ ／ストレート、ミルクティー

アフタヌーンティーのセットでもおなじみ。卵はミルクティー、サーモンはストレートなど、具によって紅茶との組み合わせを楽しみましょう。

パスタ トマト・魚介系

セイロンブレンド ダージリン アールグレイ ／ストレート

パスタ 肉・卵系

セイロンブレンド ディンブラ ニルギリ ／ストレート

パスタにも紅茶はぴったり。食事を最後までおいしく楽しむ組み合わせを。迷ったらセイロンブレンドがおすすめ。

こってり系

脂でこってりした口のなかを、さっぱり、すっきり紅茶ポリフェノール（タンニン）でリセット。ほどよい渋みのある紅茶がおすすめです。

餃子

ディンブラ　ダージリン 2nd　ニルギリ　ジャワ　／ストレート

豚肉とにら、にんにくの脂とにおいをさっぱりリセット。ほどよく渋みのある紅茶がおすすめです。

揚げ物 とんカツ、串揚げ

セイロンブレンド　ディンブラ　ケニア　ニルギリ　／ストレート

揚げ物の肉と脂には渋みとさわやかさのある紅茶がぴったり。味噌カツはミルクティーとの相性も GOOD。

焼き肉、ステーキ、ハンバーグ

セイロンブレンド　ディンブラ　ケニア　ダージリン 2nd　／ストレート

パンチの効いた肉料理には、料理の力強さに負けないしっかりしたコクと渋みのある紅茶がおすすめです。

グラタン、ドリア

セイロンブレンド　ディンブラ　ルフナ　／ミルクティー

チーズもミルクも同じ原料なので相性抜群！ こってりしたチーズの風味と脂っこさをミルクの脂肪分と紅茶の渋みで中和します。

スパイス＆エスニック系

ミルクティーやチャイの、紅茶の渋みやコクとミルクの脂肪分はスパイスとの相性もバッチリです。

カレー

セイロンブレンド　チャイ　マサラチャイ　ルフナ　／ミルクティー

インドでもスリランカでも、カレーにはミルクの入った紅茶が定番。タイカレーにはさっぱりとするストレートティーも合います。

タンドーリチキン

セイロンブレンド　ルフナ　チャイ　／ミルクティー

鶏肉とスパイスの力強い味にはミルク入りのコクのある紅茶か、しっかりとした渋みでさっぱりとするストレートがおすすめ。

麻婆豆腐

セイロンブレンド　ディンブラ　キームン　／ストレートアイスティー

セイロンブレンド　ルフナ　／ミルクティー

辛みが強い料理には、しっかりした渋みのあるストレートのアイスティーや濃厚なミルクティーがおすすめ。黒酢など酸味のある料理は、レモンティーの酸味との意外な相乗効果も。

スイーツ系

スイーツと紅茶の組み合わせは定番、鉄板。スイーツの種類によってストレート、ミルク、フレーバードなど選択肢がぐんと広がります。

スコーン、 ビスケット 小麦粉系

セイロンブレンド　ディンブラ　ケニア　アッサム　／ミルクティー

「クリームティー」というセットもあるくらい、クリームやジャムをのせたスコーンとミルクティーの組み合わせは最高！

タルト フルーツ&カスタードクリーム系

ダージリン　アールグレイ　ヌワラエリヤ　キャンディ　／ストレート

フルーツの酸味とカスタードの甘みにマッチするのは、すっきりとした香り高い紅茶。

ショートケーキ 生クリーム&フルーツ系

セイロンブレンド　ディンブラ　ケニア　／ストレート、ミルクティー

生クリームといちご、スポンジケーキには、渋み･コク･味のバランスのよいディンブラやケニアがおすすめ。

チーズケーキ

ディンブラ　ケニア　ダージリン 2nd　アールグレイ　キームン　／ストレート

チーズの風味にはアールグレイなど柑橘系のフレーバーがぴったり。濃厚なチーズケーキにはコクのあるディンブラやケニアに少しミルクを加えた、ライトなミルクティーでも。

チョコレートケーキ

セイロンブレンド　ケニア　アッサム　ルフナ　ウバ　／ミルクティー

味が強く脂肪分も多いチョコレートには、しっかりしたボディのルフナやキレのあるウバのミルクティーがぴったり。

和菓子 あんこ系

セイロンブレンド　ケニア　ダージリン 1st　ヌワラエリヤ　／ストレート

あんこの甘さを紅茶のさわやかな渋みが引き立てます。黒糖系なら、コクのあるケニアやディンブラもおすすめ。

どんなフードにも合うオールマイティーな紅茶は……
1位セイロンブレンド
2位ディンブラ　3位ケニア です！

紅茶の基本

2

All of Tea

Q2 紅茶はどんな飲みものですか？

A 地球上の飲みもので水に次いで多く飲まれ、嗜好飲料としては飲用量が世界一です。

欧米諸国、中東、ロシア、アジア、アフリカ、南米、オセアニアなど地球上のほとんどの国で紅茶は飲まれており、嗜好飲料としてはコーヒーよりも多く世界一です。お茶は紀元前の中国ですでに飲まれていたほど古いのですが、紅茶が特に好んで飲まれるようになったのは、17世紀以降、東西交易によって中国からヨーロッパに輸送されるようになってからなのです。

紅茶を英語でBlack Tea（ブラックティー）というのは、茶葉の色が緑茶と異なり、黒っぽかったことに由来しています。少しくわしくお話しすると、紅茶の原料である茶の木の生葉《なまは》のなかにある「酸化酵素」の働きで、外観が茶褐色になるまで十分に発酵させたお茶のことを紅茶と呼びます。

発酵過程で紅茶特有の渋みの成分で赤い色でもある「紅茶ポリフェノール」がつくられるとともに、紅茶らしい華やかな香気成分もつくり出されます。

Q3 ハーブティーも紅茶ですか？

A 茶の木からできたものではないので、紅茶ではありません。

紅茶は茶（チャ）の木〈学名：カメリアシネンシス〉というツバキ科に属する常緑樹の生《なま》葉《は》からできたものです。

一方、ポピュラーなハーブティーであるカモミール、ローズヒップ、ルイボスティー、ラベンダー、ハイビスカス、ミント、レモンマートル、エルダーフラワーなどは、茶の木とは別種の植物からできたものですので、紅茶ではありません。

ミントティー

ミントの葉をたっぷりとポットに入れ、熱湯を注ぐと、爽快なミントティーに。ドライでもおいしいミントティーができる。

カモミールティー

ヨーロッパ原産のキク科の植物。ドライカモミールと生花を使うフレッシュカモミールがあり、直接熱湯を注いでつくる。

ルイボスティー

南アフリカ原産のマメ科の針葉樹の葉を発酵させたものに熱湯を注いでつくる。発酵の浅いグリーンルイボスも人気。

エルダーフラワーティー

スイカズラ科の落葉小高木（西洋ニワトコ）の花を使う。フレッシュでもドライでも甘くて華やかな香りのハーブティーに。

Q4 オレンジペコーとはなんですか？

A 茶葉のサイズをあらわす言葉です。OP（オレンジペコー）というグレード名で、大きいサイズの茶葉です。

「オレンジペコー」って、
・オレンジの香りがする紅茶のこと？
・紅茶の液がオレンジ色に輝いて見えるから？
と思っているかたがいるかもしれませんね。

実は、茶葉のサイズを示す言葉だったのです。

紅茶の世界では、オレンジペコー〝Orange Pekoe〟は、OPというグレード名で略して表記されますが、茶葉の長さが約１cm前後の細長い形状に仕上げたサイズを示しています。グレードは味や香りなどの紅茶の品質とは関係なく、茶葉のサイズを示す用語で、つまり、OP（オレンジペコー）は大きめのサイズに仕上げたホールリーフスタイルの茶葉のことです。

オーソドックス製法（130ページ参照）でつくられるインドのダージリン紅茶の大半やアッサム紅茶の一部、スリランカのローグロウン産（141ページ参照）などが主にOPとしてつくられています。

ただこのように、「OPとはサイズをあらわすグレード名である」と定められる前の時代には、特に一部の消費国で「おいしいお茶のイメージ」を示すために、オレンジペコーという言葉が使われていたようです。実際にトワイニングの「セイロン・オレンジ・ペコー・ティー」という製品のように、茶葉のサイズとは関係なく、商品名として使われている事例があります。なんとも紛らわしくも響きのよいネーミングです。

トワイニングの「セイロン・オレンジ・ペコー・ティー」。OPの茶葉ではない。

ホールリーフから伝統的な製法（オーソドックス製法）で作ったダージリンのOP。

Q5 紅茶に最適な保存方法を教えてください。

A 光を通さない密封容器に入れ、高温多湿を避け、常温で保存してください。

紅茶は発酵茶ですので、緑茶にくらべると品質は変わりにくく、温暖な日本の気候でしたら常温保存でOKで、冷蔵庫に入れる必要はありません。ただし、光と湿気を嫌うので、透明な容器は避け、光（太陽光や室内の照明いずれも）を通さない密封容器で保存してください。

製品の包装材料によって保存期限は異なりますが、一般においしく楽しめる賞味期間としては、紙包装のティーバッグは2年、缶入りは3年と定められています。ただ、開封後は湿気たり酸化もすすんだりしますので、できるだけ早めに飲みきってください。

Q6 茶葉にいろいろな形があるのはなぜですか？

A 製法が異なるからです。産地ごとの特徴がよくあらわれるようにふさわしい製法でつくるためです。

セイロン紅茶は茶葉を機械で小さめのサイズにカットした「ブロークンスタイル」が、ダージリン紅茶は大きめのサイズに撚《よ》れた「ホールリーフスタイル」の茶葉が多く、主にティーバッグ用の紅茶として使われるケニアやアッサムの紅茶は球状になっているのをご存じでしょうか。

紅茶には産地や製法でさまざまな形がありますが、その理由は、消費者のニーズに合わせてつくっているからといえます。

ゆったりと時間をかけてポットでていねいに紅茶をいれる場合、ポットでスピーディーにいれる場合、ティーバッグをマグカップなどでいれる場合、鍋で煮出すチャイの場合などがありますが、それぞれにふさわしい茶葉の形状があります。

本格的な紅茶の生産は、19世紀半ばからインドやスリランカなどで茶樹の栽培が始まり増大しましたが、20世紀に入ると、イギリスやオランダ、ドイツ、アメリカなどの紅茶消費国では、徐々に早く濃く出るものが好まれるようになっていきました。それに応じて、ホールリーフスタイル（1㎝前後の全葉形状）中心から、小さく破砕したブロークンスタイル（3㎜以下）中心へと変化してきたのです。ホールリーフスタイルのオーソドックス製法において製茶工程の最終段階では、篩《ふるい》分け（シフティングまたはソーティング）でグレード分けをして、茶葉の大きさをそろえてバルク包装します。

20世紀初頭にティーバッグが考案され、1950年頃からティーバッグマシンが開発されると、さらに短時間で濃く出るCTC（シーティーシー／Crush Tear Curl＝切断・破砕して、引き裂いて、丸める）製法が増加しました。

オーソドックス製法のグレードとして、リーフティー用はOP（オレンジ・ペコー）、BOP（ブロークン・オレンジ・ペコー）、BOPF（ブロークン・オレンジ・ペコー・ファニングス）など、ティーバッグ用は、BOPF（ブロークン・オレンジ・ペコー・ファニングス）、DUST（ダスト）などが主にブレンドされています。

CTC製法のグレードとして、BP（ブロークン・ペコー）、PF（ペコー・ファニングス）、PD（ペコー・ダスト）などがあり、日本では主にティーバッグ用としてBP以下の3つのグレードが各紅茶メーカーで商品ごとに大きさを定めてブレンドされています。

大きい ↕ 小さい

CTC製法

BP ブロークン・ペコー

ややや大型のブロークンスタイルのもの。

2～3㎜

PF ペコー・ファニングス

小型のファニングス、大型はOF（オレンジファニングス）という。

約1㎜

PD ペコー・ダスト

粒のサイズが最も小さいもの。

0.5㎜以下

オーソドックス製法

OP オレンジ・ペコー

こまかい針状の長い葉で、葉肉は薄く、しばしば芯芽（チップ）を含む。

7～11㎜

BOP ブロークン・オレンジ・ペコー

ブロークンスタイルでメインのグレード。新芽を多く含み、よくもまれている。

2～3㎜

BOPF BOPファニングス

BOPよりも小型。ブレンドに多く使われている上級品。

1～2㎜

DUST ダスト

葉のサイズが最も小さいもの。

0.5～1㎜

Q7 ティーバッグより、リーフ（茶葉）でいれたほうがおいしいですか？

A 品質のよい紅茶を選んで、正しくいれれば、どちらもおいしくいれることができます。

品質のよいリーフティー（新鮮で、乾燥度の保たれたもの）であれば、確かに格別のおいしさといえるでしょう。

ただし、ティーバッグとリーフティーは製品ごとにさまざまな香味の特徴があるため、お好みの紅茶製品を選んで楽しむことをおすすめします。マグカップでティーバッグをいれるときでも、カップを温めてから熱湯で抽出するなどを心がけるだけで、味や香りがひと味違うことがわかります。

ゴールデンルール（61ページ参照）に沿ってポットを使い、お湯の温度や茶葉の量、そして蒸らし時間（たとえば3分以上）を守って、しっかりといれたリーフティーの味わいは紅茶本来のおいしさです。

ティーバッグのなかに入っている茶葉は、1～2分の短時間でもスピーディーに紅茶のおいしい成分を抽出できるこまかいサイズ（グレード）ですので、ポットを使ってゴールデンルールでいれれば、スピーディーにおいしくいれることができます。

ただし、やや大きめのＢＯＰ（セイロンなど）やＯＰ（ダージリンやアッサムのリーフなど）の紅茶は、一般にはティーバッグ製品では手に入らないので、ポットでいれなければ、茶葉本来の香りと味を楽しむことはできません。また、ケニアやアッサムのＣＴＣ紅茶などは、ティーバッグでもリーフティーでも、抽出時間は2分程度の短時間でＯＫです。

結論としては、ＴＰＯに応じて、ティーバッグとリーフティーを使い分けて楽しむことで、あなた好みの紅茶の世界が広がっていくことでしょう。

Q8 ティーバッグの茶葉は質が悪いものですか？同じ銘柄のティーバッグとリーフティーの中身は同じですか？

A ティーバッグの紅茶は品質が劣っているということはありません。異なる点は茶葉のグレード、すなわち茶葉の大きさ・サイズです。

ティーバッグといってもさまざまな種類がありますが、共通していることは、熱湯に浸せば短時間でおいしい紅茶ができるということです。ティーバッグ内のかぎられた容積に、1杯分約2gの茶葉が包まれています。茶葉のグレードは、BOPF（ブロークン・オレンジ・ペコー・ファニングス：1〜2㎜）やDUST（ダスト：0·5〜1㎜）、CTC製法の場合はPF（ペコー・ファニングス：約1㎜）、PD（ペコー・ダスト：0·5㎜以下）で、リーフティー製品よりこまかくなっています。

ティーバッグでは、1〜2分程度で十分な濃さの紅茶成分が抽出されること、つまり、紅茶特有の味や香り、見た目に美しい紅《あか》い水色《すいしょく》が得られるように茶葉の選定とブレンドが行われています。

同じメーカーでパッケージデザインと銘柄が同じ紅茶製品の場合ですが、ティーバッグとリーフティーで使われる紅茶の種類は、一般にほとんど同じ品質の紅茶ができるように、同じ産地の茶葉の配合（ブレンド）を行っています。異なる点は茶葉のグレード、すなわち茶葉の大きさ・サイズです。

ティーバッグは、1分から長くて2分くらいで十分な濃さが出てくるように、こまかい茶葉を使う必要があるからです。ポットでいれるリーフティーについては、3分以上の抽出時間を推奨していることが多く、大きめのグレードの茶葉が使われています。

ティーバッグ

リーフティー

Q9 ティーバッグにはどんな種類がありますか？

A いろいろな種類がありますが、日本で最も多く販売されているのは、ダブルチャンバー型（四角い平袋）とピラミッド型（三角錐）です。

ダブルチャンバー型は、茶葉をペーパーフィルターで囲まれた2つの部分に充填《じゅうてん》して四角く折りたたみ成形したもの。ピラミッド型は、茶葉を三角錐の形状（四面体）のフィルターで包んだものです。ともにティーバッグの隅に糸が結ばれ、端には紙のタグがあるので、抽出後には指で引き上げることができます。いずれも1バッグあたり約2gの紅茶が入っているので、カップ1杯分用です。

ティーバッグ用の紅茶の種類はCTCやこまかめのグレードのBOPF（ブロークン・オレンジ・ペコー・ファニングス：1～2㎜）やDUST（ダスト：0・5～1㎜）のものを特別にブレンドするので、熱湯を注げば1～2分で茶葉の成分が抽出され、おいしい紅茶ができるようにつくられています。

ティーバッグフィルターの材質は、パルプの濾紙《ろし》（マニラ麻繊維）、不織布、ナイロンなど食品包装材料として安全適合したものが使われます。

ダブルチャンバー型は、品質保持のために1バッグずつ紙またはアルミ層を含むエンベロープ（封筒）で包まれた個包装が主流ですが、むき出しでエンベロープなしの経済的な価格設定にした製品もあります。

本格紅茶の味にこだわった商品として、ナイロンメッシュのフィルターを大きめに使って容積を大きくすることによって、通常のティーバッグより大きなＯＰ（オレンジ・ペコー：7～11㎜）タイプなど、ホールリーフスタイルの高級茶葉を詰めたティーバッグもあります。

また、イギリスなどでは数杯分の紅茶を一度にいれることができるように、ティーポットの大きさに合わせて、ティーバッグの個数を調整できる商品もあります。特徴は正方形または丸形（ラウンド型）で糸がついていないということです（44ページ参照）。こちらはより経済的で、大量消費に向いた大型ポリ袋包装（２００バッグ以上）で販売されています。

ティーバッグはマグカップなどで1杯分ずついれて飲まれることが多い一方、ポットを使っていれれば紅茶の味と香りをさらにおいしく楽しめます。ぜひマイティーポットを準備して、ティーバッグの紅茶をいれてみることをおすすめします。

形状や素材はさまざま！
カップでもポットでも楽しめる

世界各国のティーバッグ

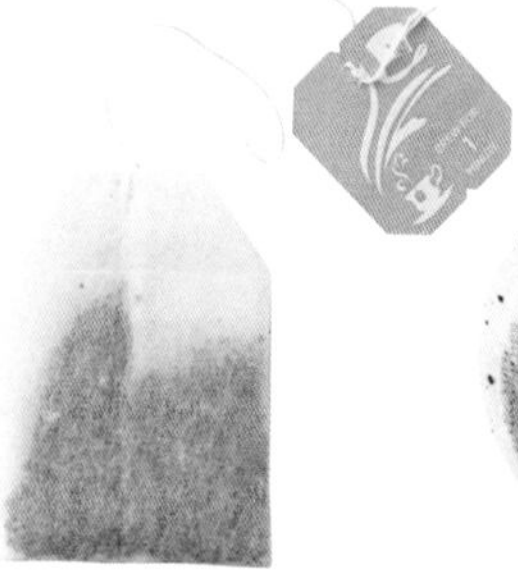

不織布の
ダブルチャンバー型

不織布の糸なし
ラウンド型

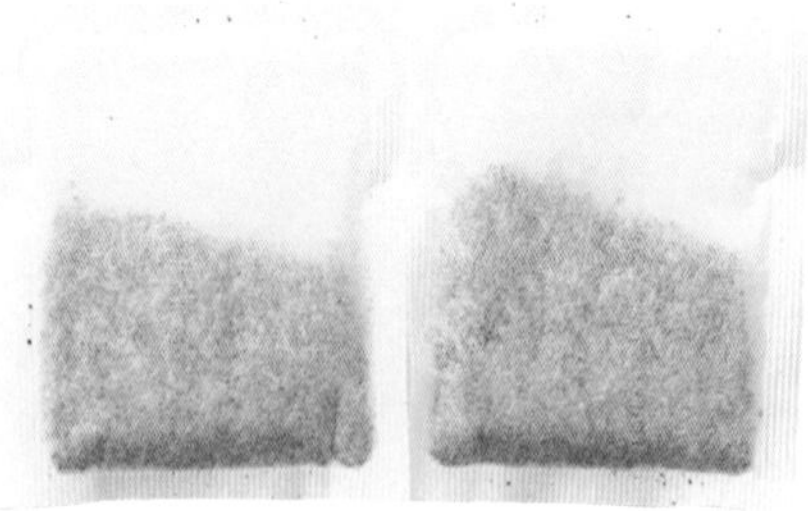

不織布の糸なし
スクエア型

不織布の
ピラミッド型

不織布の
スクエア型

ナイロンメッシュの
ピラミッド型

布のスクエア型

一般的なスーパーマーケットや
コンビニエンスストアでも入手できる

レギュラー品のティーバッグ

デイリークラブ

日東紅茶

「豊かな香りとコクのある味わい、スリランカとインド産の紅茶を中心に日本の水に合わせてブレンド」(日東紅茶HPより)。伝統的なセイロンとアッサムのブレンドによる味わいが絶妙で、その名のとおりストレートでもミルクティーでも毎日おいしく楽しめる。

イエローラベル

リプトン

「太陽の恵みたっぷりのケニアの自社農園の茶葉中心に使用しています。豊かな味わいと香りが特徴」(リプトン HP より)。ケニア産の紅茶は味、香り、水色の三拍子がそろっている世界のスタンダード。ストレートでもミルクティーでもおいしく楽しめる。

Q10 「ストレート向き」「ミルクティー向き」って、何が違うんですか？

A

「ストレート向き」は
渋みが比較的やわらかで香り立ちのよい紅茶。
「ミルクティー向き」は
ミルクに負けないコクがある紅茶で
やや渋みも強くしっかりとしているのが特徴です。

ほとんどの紅茶製品は、ストレートティーとミルクティーのどちらでも楽しむことができます。一般に販売されている紅茶メーカーのティーバッグについては、どちらもおいしく飲めますが、ミルクティーで飲む場合は、ミルクの味に負けないように少し濃いめにいれることがポイントです。

リーフティーでいれるとき、香りの高いダージリンは香りをそのままに楽しむように、ストレートで飲むことをおすすめする傾向がありますが、力強いコクがあるアッサムやしっかりとした強い渋みがあるスリランカのウバなどは、ミルクティーにしても楽しみやすいと思います。

ミルクティーの場合、ストレートティーとくらべると渋みがやわらいで感じますが、その理由は紅茶にミルク（牛乳成分）が加わると、紅茶の渋み成分（タンニン＝紅茶ポリフェノール）とミルクのたんぱく質や脂肪分が結合して複合体のようになるためです。同じ濃さの紅茶でも、ミルクティーのほうがストレートティーよりも渋みがやわらかくなるうえ、ミルクのコクが加わるので全体にマイルドに感じます。

ストレートティーの場合は、紅茶だけの味と香りを楽しみますので、紅茶に含まれる味と香りの成分の特徴をまさにストレートに味わうことができます。たとえば、「香りと味わいがバランスよく調和して、あと味もすっきりとして心地よい」などと表現されます。一方、ミルクティーのおいしさは、「まろやかなコクのなかに紅茶の味わいや香りを感じられる」などと表現されます。

製品の表示や説明欄に、ストレート向きかミルクティー向きかが書かれていることもありますので、自分の好みを探しながら、また、フードやスイーツとの組み合わせなどＴＰＯに応じて、あなた自身の紅茶の世界を広げていきましょう。

Q11 「ブレンド」って、なんですか？

A 紅茶メーカーでの「ブレンド」とは、原料の茶葉を10～20種類程度配合して混合することをいいます。

紅茶のおいしさや楽しさを知るようになると、「ブレンド」って何？　製品によってどう違うのだろう？と考えるようになります。

紅茶メーカーで行われる「ブレンド」とは、ある製品について定められた香味、水色《すいしょく》などの品質の規格を常に満たし、年間を通して品質が安定した製品が供給できるよう、原料の茶葉を10～20種類程度配合して混合することを指します。

原料紅茶の品質は産地ごとの生産茶園、生産年度、生産時期、生産ロット（日付）によってすべて異なるうえ、同じ紅茶はかぎられた量（多くても1ｔ程度）の単位で生産されています。そのため、ブレンドが行われた日ごとに、配合内容を一部ずつ置きかえていくことによって品質の継続安定を実現することができるのです。

実際には製品に使われる原料紅茶を、プロフェッショナルティーテイスターの鑑定力

で審査して買い付けます。ブレンド単位ごとに必要な数量の何十倍もの量をキープし、配合していくことによって、継続的に品質の安定化をはかることができる、ということになります。

紅茶の味や香りを「自分好みに創造してみよう」と、2種類以上混ぜて味わうことも試してみたくなるものです。気軽に〝個人的なブレンドを楽しむ〟ということで、実におもしろい楽しみ方ですが、本来の「ブレンド」とは意味が異なっていることが理解できると思います。〝個人的なブレンドを楽しむ〟ことは、紅茶を「ミックス（混合）」するといって、「ブレンド」とは区別しています。

しかし、かたいことはいわず、「私の傑作オリジナルブレンドを飲んでみて！」というのも、味のわかる紅茶通には楽しみの一つですね。わが家の人気ブレンドのベースは、セイロン＋アッサム（比率はまちまち）。そこにダージリンの茶葉があれば1〜2割加えて楽しさをアップしています。

スーパーマーケットなどで見かけるブレンド商品

アッサムブレンド

日東紅茶

アッサム紅茶の、ほのかに甘い香りとなめらかな味わいは、ミルクに最もよく合うので、まずはミルクティー好きなかたに一押し。

セイロンブレンド

日東紅茶

ストレートはもちろん、少し濃くいれてミルクティーにも、バリエーションを楽しむアイスティーにも向くオールマイティーな紅茶。

ダージリンブレンド

日東紅茶

本格ダージリンの味わいを気軽に楽しめる製品なので、ストレートはもちろんミルクティーでも。好きな飲み方で少しリッチに。

Q12

フレーバードティーの「フレーバー」ってなんですか？

A

紅茶のフレーバードティー〝flavoured tea〟は、「着香茶」を意味します。つまり香料や天然精油で香りをつけた紅茶のことです。

一般にフレーバーとは、英語の〝flavour〟で、風味、すなわち味と香りの両方を含めて使う言葉ですが、紅茶の場合は「味」つけという意味ではなく、「香り」づけということになります。

長年にわたって人気のフレーバーとしては、アールグレイ、アップル、レモン、ピーチ、ベリー類ミックス（ストロベリー、ブルーベリー、ラズベリーなど）、オレンジなどのフ

アールグレイ

トワイニング

アールグレイといえば、代表格は伝統の「トワイニング・アールグレイ」。正統派ベルガモットベースにレモン系トップノートがさわやかな絶妙の味わい。

アップルティー

フォション

アップルティーといえば、フランスの紅茶ブランド「フォション」が有名。セイロン茶葉をりんごのフレーバーで着香している。

ルーツ系があります。

最近では、香りのアレンジがさらに進んでいます。マンゴーやパッションフルーツなどのトロピカルフルーツや、ベルガモットとオレンジ系のミックス、ローズ（ばら）などのブーケ、ハニー（はちみつ）、バニラ、ミント、ショコラ、キャラメル、クリームチーズなど、斬新な組み合わせが続々とあらわれ、新たなフレーバードティーが食品スーパーや専門店の紅茶棚を華やかにしています。

ストロベリーティー

マリアージュ フレール

フランスの紅茶ブランド「マリアージュ フレール」の「クリスマス・ストロベリー」。いちごやバニラ、スパイスのフレーバーで着香した茶葉に、フリーズドライのいちごと星形のシュガーが入っている。

キャラメルティー

リージェントガーデン

日本の紅茶ブランド「リージェントガーデン」の「キャラメルティー」。ディンブラの茶葉をキャラメルの甘い香りで着香している。

マサラチャイ

ベロック

ニューヨークの紅茶ブランド「ベロック」の「アフガニ・チャイ」。上質なアッサム茶葉に、ジンジャー、カルダモン、クローブ、八角などのスパイスがゴロゴロと入っている。

Q13 「アールグレイ」紅茶の香りはなんの香りですか?

A ベルガモット(柑橘類果実)の精油の香りです。

「アールグレイ」は大人気の定番紅茶ですが、その香りは紅茶由来のものではなく、ベルガモットという柑橘類の果皮の精油分の香料です。「アールグレイ」紅茶はフレーバードティー「着香茶」なのです。

ベルガモットは、高級なフレグランス(香水等)の重要な原料でもあり、主産地はイタリアです。

ちなみに「アールグレイ」の「アール」は伯爵の意味で、1830年に英国首相になった紅茶好きのチャールズ・グレイ伯爵(1764~1845)にちなんだネーミングです。由緒ある伝統とロマンを感じるアールグレイですが、紅茶といえば、ほぼすべてが中国産であったこの時代にイギリスに持ち帰られた特殊な着香茶を、グレイ伯爵が愛飲して評判になったのです。

のちに彼の名を冠して「アールグレイ・ティー」として、それを模した紅茶が英国で販売されたのが始まりです。

当時のこの中国式アールグレイ紅茶は、福建省産で松の燻煙で香りづけされたラプサンスーチョン（正山小種）をベースとして、中国産果実などの着香が加えられたとも伝えられていますので、現代の洗練された香りのアールグレイ紅茶とは、だいぶ異なる趣と味わいだったことでしょう。

ベルガモットはミカン科の柑橘類でイタリアが主産地。

アイルランドのダブリン城で見たグレイ伯爵の肖像画。

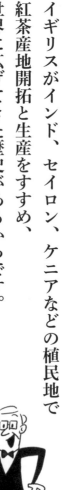

Q14 紅茶といえばイギリス。なぜ、イギリスが有名なんですか？

A イギリスがインド、セイロン、ケニアなどの植民地で紅茶産地開拓と生産をすすめ、世界に広げてきた歴史があるからです。

19～20世紀のイギリス王室にとって、お茶の輸入による税収は国の重要な財源であり、国内財政資金として鉄道や道路建設にあてられたうえ、地球上で大英帝国の領土拡大のための戦費としても必要であったといわれています。

1600年代にオランダ人により、初めて中国からヨーロッパに輸入されたお茶は緑茶でしたが、ヨーロッパ人には緑茶に混じってたまたま輸入されたやや発酵のすすんだ下級のお茶のほうが嗜好に合っていました。

17世紀後半、1662年にポルトガルからイギリスのチャールズ2世に嫁いだキャサリン妃や、1689年からのオランダ・イギリス王室共同統治時代のイギリスのメアリー女王は、ともにお茶好きでした。宮廷では高価な砂糖を入れて喫茶をするようになったこともあり、現在の紅茶に近い発酵度がすすんだお茶が好まれ、その需要を満たすようなお茶を中国でつくらせたため、紅茶に近いお茶の輸入が増えていったのです。このように中国から入ってきた少し発酵がすすんだお茶は、ミルクや砂糖を入れて飲むイングリッシュティーとして最適でもあり、人気が増していったのです。

宮廷から始まったお茶の消費は、19世紀（1800年代）に入るまでにまず貴族社会、次いで一般大衆へと広がって増加しましたが、100%中国からの輸入品でした。この間イギリスは、課税したお茶の輸入を「イギリス東インド会社」に独占させていたため、イギリスの国家財政にとってたいへん大きな利益をもたらしてきたのです。19世紀の後半には、新たに発見されたインドのアッサム種を手始めに産地開拓を精力的にすすめ、南インド、セイロンへと徐々に生産地を広げていったのでした。

こうして、中国からのお茶の輸入に頼らず、イギリスの植民地で、紅茶産業としての生産地域が拡大するとともに、英国植民地製の紅茶が世界の需要を満たす供給の中心として、中国からの輸入と置きかわっていきました。しだいに、イギリスの紅茶産業は世界の消費量のなかでも大きなシェアを占める存在となり、「紅茶といえばイギリス」といわれるようになったのだといえます。

リプトン

1890年にサー・トーマス・リプトンにより創業。自身で開拓したスリランカの茶園から、直接ティーポットへのスローガンのもと、世界150カ国以上で親しまれている。

トワイニング

1706年にトーマス・トワイニングが設立した、イギリスで最も古い紅茶ブランド。「トムの店」から始まり1787年に「TWININGS」の看板が掲げられた。

COLUMN 01　紅茶の歴史

インド紅茶の父、ブルース兄弟

今では世界の大産地に広がっているアッサム種茶樹の発見者であり、インド紅茶産業生みの親といえるのが、英国人のブルース兄弟です。

1823年に、インドのアッサム地方の奥地に遠征していた英国スコットランド人のメジャー（M）・ロバート（R）・ブルース（兄）は、茶の木に似た〈実はアッサム種〉の茶樹を現地の先住民シンプー族が持っていることを発見します。ぜひともこの木を分けてくれるよう、首長に物資を献上したうえで願い出た結果、この要請が受諾されて交渉が成立しました。

翌年、兄M・R・ブルースは病気で亡くなってしまいますが、アッサムの地に来ていた弟のチャールズ（C）・アレキサンダー（A）・ブルースのもとに、首長から託された茶の木の苗と種が、約束どおり届けられました。問題は「この木が本当に茶の木であるかどうか」でした。中国産の茶樹標本を持ち、植物分類に明るいカルカッタ植物園の専門家と英国王立学会が茶の木と認めるまでには、なんと10年近い年月がかかってしまいました。

ようやく新たな品種の茶樹と認定されると、弟C・A・ブルースはサディアの自宅の庭にこの茶樹の一部を植えて育てつつ、プランテーションづくりを考えました。イギリス東インド会社は、いよいよ1835年にインド開拓をすすめ、英国植民地となったインドで茶業を始めるべく、C・A・ブルースをアッサム・ティー・プランテーションの総監督に任命。本格的な生産が始まると、1838年にようやくカルカッタからインド産紅茶350ポンド（約160kg）がロンドンに送られ、1839年1月に到着するや初のインド製紅茶として熱狂的な歓迎を受け、オークションでは高値がつけられました。アッサム種茶樹の発見から15年を経ての出来事でした。

ブルース兄弟が故郷から遠く離れたアッサムの地で、生涯をかけたアッサム種茶樹の世紀の大発見によって始まるインドの紅茶産業はこうして大きな一歩を踏み出したのでした。アッサム種茶樹の栽培は北から南へとほかのインド国内地域へ広がり、大々的な茶産業に発展していきました。

この茶樹の種や苗は南インドから近いセイロン島（今のスリランカ）にも持ち込まれました。オランダ領からイギリス領となって全盛期を迎えていたコーヒー栽培でしたが、1867年にはさび病による壊滅的被害を受け始めるのです。そしてコーヒーから紅茶への大転換が起き、インドに続く新たな大紅茶生産国の誕生となりました。

ブルース兄弟によって見いだされ育成された「インド産紅茶」は、20世紀を通して地球規模でさらにアフリカほか、世界じゅうのティーベルトに広まっていき、紅茶産業スタートの原動力となったのでした。ブルース兄弟が、「インド紅茶産業の父」といわれる所以《ゆえん》です。

アヘン戦争とお茶の関係

19世紀の半ばまでは、イギリスをはじめヨーロッパに入ってくるお茶といえば、ほとんどすべてを中国からの輸入に頼っていました。イギリスではビクトリア女王の時代になると、紅茶文化が華やかに流行し、紅茶消費が急拡大していきましたが、同時に中国からのお茶の輸入拡大による外貨（銀）不足が深刻となっていたこともあり、中国へのお茶の代価支払いに、インド産のアヘンを使うようになっていきました。このイギリスの所業はまったくひどい話ですが、これが原因となり、中国内の多くの地域でアヘン依存者が増大していき、中国とイギリスとの間で有名なアヘン戦争が起き、1842年にイギリスの勝利で終結しました。

戦争に勝ち、貿易支配に関わる多くの戦果を得たものの、中国との関係は悪化の一途をたどります。イギリスとしては、なんとしても中国以外の国でお茶の栽培と紅茶づくりを行いたい、と強く考えていく原因がこの戦争の時代にあります。

ふたりのロバート

一人目は、アッサム種茶樹発見の立役者であるブルース兄弟の兄、ロバート・ブルースです。

実はもう一人のロバートが、現在の世界の紅茶の礎《いしずえ》となった重要な立役者として、陰でスパイのように活躍したことを知っておかなければなりません。アヘン戦争直後に茶の種を入手するように英国本国から特命を受けた人物です。中国国内の最高の茶産地でもある福建省の武夷山《ぶいさん》へ中国人の辮髪《べんぱつ》姿に変装してスパイのように忍び込み、緑茶と紅茶の材料は同じ茶の木の葉で、つくり方を変えているだけであることを突き止めました。そして、本物の中国産紅茶用茶樹の種を盗み出し、インドに届けた人がスコットランド人のプラントハンター、ロバート・フォーチュンでした。

ふたりのロバートは、アッサム種と中国種という現在の紅茶産業になくてはならない、2つの茶樹遺伝子、つまりDNAをインドの茶産地に導入したパイオニアなのでした。▼1

おいしい紅茶の
いれ方

3

Isn't Tea Lovely?

Q15 紅茶をおいしくいれるコツを教えてください。

A 世界共通で「ゴールデンルール」が基本です。

おいしい紅茶は、口のなかによい味と香りが心地よく広がります。そして、ゆったりとホッとした気持ちになりませんか?

そんなおいしい紅茶は、紅茶特有の味と香りの成分が、ほどよく上手にお湯のなかにとけ出しているのです。紅茶をおいしくいれるコツは、決してむずかしいことではなく、とてもシンプルです。

それはできるだけ熱いお湯を使ってポットでいれることです。ポイントは世界でほぼ共通しているのですが、たとえば日本紅茶協会では、このおいしい紅茶のいれ方を「ゴールデンルール」とよんでいます。

ゴールデンルールには、沸騰させたお湯でポットやカップを温める（ポットやカップを前もって温めておくことで抽出時の温度が下がらず、紅茶のおいしい成分がお湯にとけ出しやすくなります）、紅茶1杯分につき茶葉2〜3gを目安にはかって入れる、1杯分につき熱湯150〜160㎖を目安にして注ぎ、蓋をして十分な蒸らし時間をタイマーなどではかって待つ、といったポイントがあります。

Golden Rule

1
新鮮で良質な茶葉を使う。

2
ティーポットを準備し、
できるだけ熱い温度で抽出できるよう温める。

冷たいティーポットにお湯を注ぐと
抽出時の温度が5℃以上下がってしまいますので
必ず熱いお湯で温めておきます。

3
茶葉の分量を正確にはかる。

カップ1杯あたり
2〜3g（ティースプーン1杯）の茶葉（リーフティー）を
計量し、ポットに入れる。

4
空気を多く含んだ新鮮な水道水を沸騰させ
100℃に近い熱湯をポットに注ぐ。

5
2〜5分（茶葉の大きさによって異なる）
蒸らし時間をしっかりと待って軽く攪拌し、
茶こしを使ってカップに注ぐ。

蒸らし時間（抽出時間）の目安としては、
OPタイプは5分、
BOPなどのブロークンタイプは3分、
最もこまかいBOPFやCTCの場合は2分でよいでしょう。
なお、ティーバッグ（約2g入り）を使う場合も基本は同じで、
1杯あたり1バッグを使い、蒸らし時間は2分でよいでしょう。

Q16 おいしい紅茶をいれるために、必要な道具はなんですか？

A ポット、スプーン、カップ、茶こし、砂時計（もしくはタイマー）です。

ティーポット

紅茶専用の陶磁器製のものがおすすめですが、ドリップコーヒー用のガラスポット、緑茶用の大きめの急須でも大丈夫です。

そのほかにも、ステンレス製、鉄製などがありますが、材質によっては紅茶の風味や水色《すいしょく》が変わってしまう場合があります。たとえば、鉄のポットで紅茶をいれると、紅茶の渋み成分であるタンニンとポットの鉄分が結合し、タンニン鉄となって黒く濁ってしまいます。鉄瓶を使う場合は、中がコーティングされたものを使うとよいでしょう。

ポットにティーコジー（保温用のカバー）をかぶせると、紅茶が冷めにくくなるのでおすすめです。

ティースプーン

リーフティーをいれる際に、茶葉を計量するために使います。コーヒースプーンより大きめで、茶葉のグレード（サイズ）によって量を調整しますが、スプーン山盛り１杯をカップ１杯分としてはかります。グレード別の計量のコツは、ＢＯＰ、ＢＯＰＦなどブロークンスタイルの場合は１杯あたりスプーンに中山《ちゅうやま》１杯、ＯＰなど茶葉が大きい場合は大山《おおやま》１杯を目安として調整してください。味を見ながら、好みの量に調整しましょう。

ティーカップ、マグカップ、グラスなど

好きなカップで飲みましょう。

茶こし（ティーストレーナー）

カップに注ぐ際に、茶こしを使って茶葉（茶殻）を分離します。

砂時計

お湯を注いでからの蒸らし時間を砂時計で待つのは、最も待ち遠しく楽しみな時間でもあります。もちろんタイマーでもＯＫ。

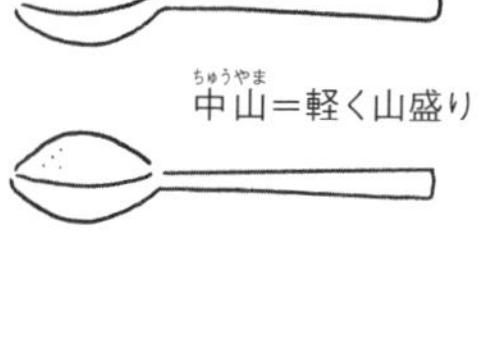

Q17 どんな水でいれるのがおすすめですか？最適な温度も教えてください。

A 軟水（水道水でＯＫ）で、温度は１００℃に近い熱湯が最適です。

紅茶をいれる水質は軟水が適しているので、日本であれば水道水がおすすめです。お湯の温度は、できるだけ１００℃に近い熱いお湯が最適です。水道水のままでも、沸騰させればカルキ臭などのにおいはほとんど消えます。

浄水器については地域や住宅環境ごとに水道水の状態が異なりますので、必要に応じて使用してください（においなどが気になる場合に）。

水は含まれているミネラル分（カルシウムやマグネシウム）の量によって硬度が定められ、硬水と軟水とに分けられます。紅茶をおいしく、きれいな紅茶色の輝く水色《すいしょく》でいれるにはミネラル分の少ない軟水が適していますが、日本全国の水道水はほとんどが軟水です。

一方、欧米やほかの大陸各国の水は硬水が多くなっています。ペットボトル入りのミネラルウォーターについても、採水地が日本国内であれば軟水ですが、欧米からの輸入品は硬水のものが大半です。たとえば、イギリスの水は硬水なので、現地で紅茶をいれると、日本の場合とくらべて水色が暗くなり、味についても重くぼけた味わいの紅茶に感じられます。

お湯の温度については、沸騰させることで水道水中にわずかに残っている塩素分に由来するカルキ臭が抜けてなくなることと、熱いお湯ほど茶葉の成分がよくとけ出しておいしい紅茶になることから、沸騰したての高温の水道水が最適なのです。

ただし、あまり長時間沸騰させ続けると、お湯のなかの空気、つまり溶存酸素や炭酸ガス（二酸化炭素）などがなくなるため、望ましい抽出にとってはマイナス要因です。沸騰したての新鮮なお湯を使ってください。

Q18 ジャンピングしないと、おいしい紅茶にならないんですか？

A ジャンピング（ポットのなかで茶葉が上下運動すること）は、おいしい紅茶ができるための条件といわれています。

ジャンピングが起きる条件は3つあります。

①品質のよい紅茶（新鮮で乾燥度が保たれた紅茶）
②溶存空気（酸素や二酸化炭素）が含まれた新鮮で沸騰したての熱湯
③茶葉の上下動が起きるだけの十分な蒸らし時間

この3条件がそろって初めてジャンピングが起きるわけですので、裏を返せばジャンピングが起きたときは、おいしい紅茶がいれられた、といえることになります。逆にジャンピングが起きていないときは、いずれかの条件がそろっていない場合といえます。

望ましいのは沸騰したての熱湯ですが、温度を実際に測定すると100℃には達しておらず、95℃程度のことが多いようです。80℃以上から100℃までの温度帯で、温度が高いお湯ほどしっかり早くジャンピングが起きてきます。

ただし、沸騰後少し時間がたってしまったけれど、再沸騰させずにいれる場合（せいぜい85℃以上あれば）は、抽出時間を長めにとることによって、香りや味わいなどはややソフトになりますが、おいしい紅茶を楽しむことができるでしょう。お湯の温度の低下を最小限にして、抽出中もなるべく80℃以上が保たれるように、ポットにティーコジーをかぶせて、でき上がりを待つ時間をゆったりと楽しみましょう。

使うお湯の温度が80℃以下に冷めてしまっている場合は、茶葉に含まれる香りや味の成分もなかなか抽出されませんので、味わいの弱い紅茶になってしまいます。

おいしい紅茶①

リーフティー

いれ方ひとつで
味も香りも格別に。
まずは基本のおいしいいれ方を
マスターしましょう。

〈材料〉（2人分）
・茶葉（好みで）………………………………
　OP 6g（ティースプーンで中〜大山2杯）、
　BOP･CTC 4〜5g(ティースプーンで軽く2杯)
・熱湯 ……………………………… 360〜400mℓ

〈道具〉
ティーポット、ティースプーン、
やかん（電気ポット）、
カップ＆ソーサー（マグカップ）、
ティーストレーナー（茶こし）､はかり､タイマー

1 茶葉をはかり、くみたての新鮮な水道水を沸かす。

2 温めておいたポットに茶葉を入れる。

3 沸騰させたお湯をポットに注ぐ。

4 蓋をして茶葉のパッケージに表示された時間を蒸らす。ポットのなかをスプーンで軽くひとまぜして、ストレーナーを使いカップもしくはセカンドポットに注ぐ。

おいしい紅茶②

ティーバッグ&ティーカップ

いつものティーバッグも
ひと手間かければ
味も香りも
ぐんとアップします。

〈材料〉（1 人分）

・ティーバッグ ……………………………… 1 個
・熱湯 ……………………………… 180 〜200mℓ

〈道具〉

やかん（電気ポット）、
カップ＆ソーサー（マグカップ）、タイマー、
マグカップのフタになる小皿など

1 あらかじめ温めておいたティーカップに、沸騰させたお湯を入れる。

2 すぐにティーバッグをそっと入れる（お湯を入れたあとにティーバッグを入れると、糸がなかに沈みません）。

3 ティーカップの口に皿などで蓋をして、パッケージに表示された時間蒸らす。表示がない場合は 2 〜2.5 分を目安に。

4 時間がきたら、ティーバッグを引き上げる。

おいしい紅茶③

ティーバッグ＆ティーポット

ティーバッグも
ティーポットでいれると
味も香りも
さらに豊かに。

〈材料〉（２人分）

・ティーバッグ ……………………………… ２個

・熱湯 ……………………………… 360～400㎖

〈道具〉

やかん（電気ポット）、ティーポット、
カップ＆ソーサー（マグカップ）、タイマー

1　あらかじめ温めておいたティーポットに、沸騰させたお湯を入れる。

2　ティーバッグを入れる。

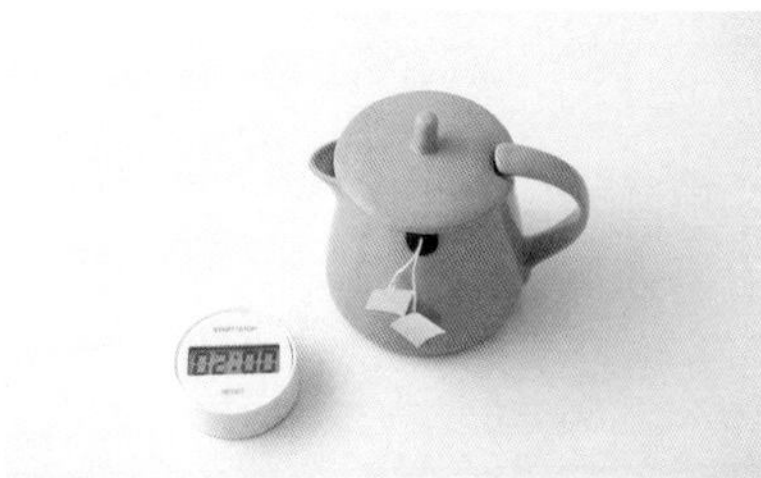

3　ポットに蓋をして、茶葉のパッケージに表示された時間蒸らす。

4　時間がきたら、ティーバッグを引き上げる。時間の表示がない場合は２分で試してから好みの濃さでティーバッグを引き上げる。

おいしい紅茶④

ミルクティー

濃くいれた紅茶に
ミルクをたっぷり入れると
しっかりしたミルクティーに。
砂糖を入れると
コクが出てさらにおいしく。

〈**材料**〉（2人分）
・茶葉 ……………………………………………
　OPは8g（ティースプーンで山盛り2杯）、
　BOP・CTCは6g（ティースプーンで2杯）
・熱湯 …………………………… 300～360mℓ
・牛乳 ……………………………… 30～40mℓ
（使用する茶葉によって調整）

〈**道具**〉
ティーポット、ティースプーン、やかん（電気ポット）、カップ＆ソーサー（マグカップ）、ティーストレーナー（茶こし）、はかり、タイマー

1　p.69の手順で、濃いめの紅茶をいれる。

2　好みの量の牛乳を入れる。砂糖を加えると、コクのあるおいしいミルクティーに。

Point
牛乳は高温になると特有の香りが出てしまうため、紅茶のよい香りを感じにくくなる。紅茶の温度をあまり下げたくない場合は、室温にもどしたものや、温めたミルクピッチャーに入れて、ほんのり温かくなったものを使うのもおすすめ。

Q 22
ミルクは紅茶より
先に入れたほうがおいしいですか？
あとから入れたほうがおいしいですか？
Aはp.84

おいしい紅茶⑤

アイスティー オンザロックス

紅茶のおいしい成分や香りを
高温で抽出して急冷すると
キリッとした香りのよい
アイスティーに。

〈材料〉（2人分）

・茶葉 ……………………………………………

　OPは6g（ティースプーンで中～大山２杯）、

　BOP・CTCは4～5g(ティースプーンで軽く２杯)

・熱湯 ……………………………… 180～200mℓ

・氷 …………………………………………… 適量

〈道具〉

ティーポット、ティースプーン、

やかん（電気ポット）、グラス、ティーストレーナー

（茶こし）、はかり、タイマー

1　p.69の手順で、濃いめの紅茶をいれる。

2　グラスに氷をたっぷり入れる。

3　熱々の紅茶をグラスに一気に注ぐ。

Point

茶葉はリーフティーでもティーバッグでもOK。ホットティーを急冷するため、氷をたっぷり使う。氷がとけて水になる分の熱湯を減らして、p.69のホットティーの手順でつくる（茶葉の量はそのままで、お湯の量を半分にする）。

おいしい紅茶⑥

水出しアイスティー

高温で抽出される成分の
タンニンが少ないため
やわらかで渋みの少ない
上品な味わいになります。

〈材料〉（２ℓペットボトル１本分）

・茶葉※……………………………… 8g ～ 10g
（リーフティーもしくはティーバッグ）

・浄水（もしくはミネラルウォーター）… ２ℓ

〈道具〉

蓋のある清潔な容器２つ（水出し用と移しかえ用）、ティースプーン、ティーストレーナー（茶こし）、はかり、タイマー

※茶葉はフレーバーのついたアールグレイやフルーツティー、ダージリンならファーストフラッシュがおすすめ。

1 容器に茶葉を入れる。

2 水を入れて、冷蔵庫に8 ～ 10時間おいて抽出する。

3 ストレーナーを使用して清潔な容器に移す。

Point

何度か試して、好みの茶葉の量を決めていきましょう。ペットボトルに直接茶葉を入れてもOKです。水出しアイスティーは熱を加えていないため傷みやすいので、一日で飲みきれる量をつくるのがおすすめ。市販の水出し用ティーバッグは水出しでもおいしく飲めるように製品設計されています。

Q19 ホットティーを飲むときにおいしいと感じる最適温度は何度ですか？

A 一般に60～65℃といわれています。

熱い飲みものがおいしく飲める適温は、一般に60～65℃といわれています。70℃以上の高温では、やけどが起きる危険性があります。紅茶の場合、100℃にできるだけ近い高温の湯でいれることがおいしい紅茶の成分を抽出する重要ポイントの一つですが、飲むときには、70℃くらいまで下がっているのが望ましいと考えられます。

牛乳を入れれば温度は下がりますし、ストレートで飲むときは、少し時間をおいてちょうどいい温度になっているか確認しつつ、おいしい温度まで下がるタイミングを待って、少しずつ口に入れることになりますね。実際にある大学の学生と教職員にアンケートをとり、温かい飲料をおいしく飲める最適温度を調べた調査事例もあります。やはり結論は、およそ60～65℃となっていました。

参考までに、自動販売機やコンビニのホット飲料も、液温は55℃前後の設定が多いようです。ホット飲料の場合はこのあたりが安全かつおいしい温度帯なのでしょう。

Q20 おいしいアイスティーをつくるコツを教えてください。

A 基本的にはホットティーと同じ要領です。

アイスティーは紅茶を冷やすために氷を加えるので、たとえば、2倍の濃さのホットティーをつくって氷を加えることで、飲むときにちょうどよい濃さになるのです。砂糖をとかす場合は紅茶が熱いうちでないととけにくいので、ホットティーに砂糖を加え、とかしてから氷を加える順序です。氷をたっぷりと入れたグラスの上から、ホットティーを注ぐ方法（オンザロックス）が仕上がりもきれいでおすすめです。

紅茶を冷やしたときに白くにごる現象を「クリームダウン」といいます。味はほとんど変わりませんが、見た目のさわやかな透明感がなくなり、マイナスです。

透明感あるアイスティーをつくりたい場合は、クリームダウンが起きにくいタンニン（紅茶ポリフェノール）が少なめの紅茶を使いましょう。紅茶の種類としては、アイスティー用ブレンド、ニルギリ、インドネシア（ジャワ）、アールグレイ（着香茶）などがおすすめです。絶対にクリームダウンしないといえるのはカフェインレス紅茶ですが、クリアな理由は次のページでクリアになります。

Q21 紅茶を冷やすと白くにごるクリームダウン現象は、なぜ起きるのですか？

A 温度が下がり、タンニンとカフェインが結合することでにごります。

濃いめの紅茶液の温度が徐々に下がり、およそ30℃以下になってくるとしだいに乳白色ににごってくる現象が起きますが、これを「クリームダウン現象」と呼びます。

紅茶特有の紅《あか》い水色《すいしょく》のもとになっているタンニン（紅茶ポリフェノール）は、40℃以上では赤く透明な状態で水に溶解していますが、紅茶液の温度が下がるとともに、液中でタンニンとカフェインが結合して（スタッキング：それぞれの分子の特定の場所が重なるようにくっつく）、不溶性の大きな分子の固まりを形成します。その結果、溶解できない状態になってにごってくるのです。この不溶性の大きな分子（紅茶ポリフェノール

乳白色ににごり、「クリームダウン現象」に（写真左）。

とカフェインの複合体）がクリームのように見えるのです。

タンニン濃度（紅茶ポリフェノール濃度）やポリフェノール分子の組成（紅茶の種類ごとに異なる）によって、クリームダウンが起きる温度は変わってきますが、濃い紅茶液ほど高めの温度帯から起き始めることがわかっています。

クリームダウン現象は、お湯を加えて温度を上げたり、再加熱して温度を上げたりすると、タンニンとカフェインの結合が解消して、再び赤く透明な水色に戻ります。

別の解消方法として、砂糖や洋酒などのアルコールを加えても、タンニンとカフェインの結合をじゃましてほどくように働くため、再び透明になります。

紅茶液中の分子どうしが作用するナノレベルの話になりますが、クリームダウンを防ぐポイントは、紅茶ポリフェノール（タンニン）分子とカフェイン分子の出会いを減らすことなのです。

鮮やかに赤く透明（クリア）なアイスティーをつくるための決定打としては、最初からカフェインがほとんど含まれていないカフェインレス紅茶を使う、という選択肢があります。

紅茶がクリアな理由、クリアになりましたか？

お湯を加えると、透明に戻る。

Q22 ミルクは紅茶より先に入れたほうがおいしいですか？ あとから入れたほうがおいしいですか？

A ミルクを入れる順番は好き好きですので、どちらでもおいしく感じればＯＫです。

みなさんも味や風味の違いをくらべてみて、ミルクが先派、あと派のどちら派になるのか、味わってみることをおすすめします。

紅茶が先……ミルク・イン・アフター

カップに紅茶を先に入れれば、紅茶の美しい透明感ある水色《すいしょく》を確認してから、ミルク（牛乳）をお好みの量だけ調整して加えることができます。しかし90℃近い熱い紅茶に牛乳を加えた場合、温度が70℃以下に下がるまでの時間があるため、牛乳のまろやかで自然な風味が失われる感じがするという人がいます。

この理由として、牛乳に含まれる乳たんぱく質の熱変性（たんぱく質の立体構造の変化）が原因と考えられますが、これについては乳中のさまざまなたんぱく質のなかで、

紅茶検定とは？

「紅茶」について、正しい知識を取得して、
日々のティータイムをより味わい深く
楽しい時間にしていただくことを目的に立ち上がった「紅茶検定」。
これまでに累計 10,000 人を超える紅茶好きが受験しました。

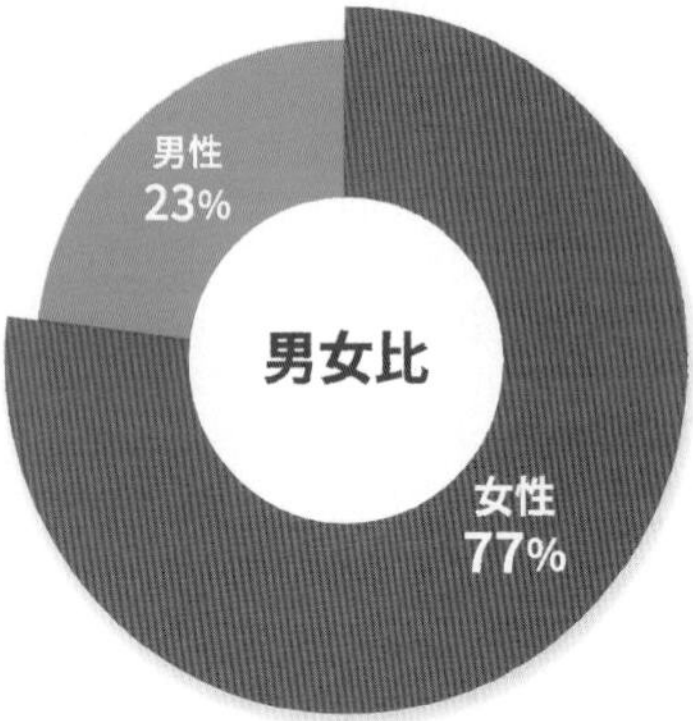

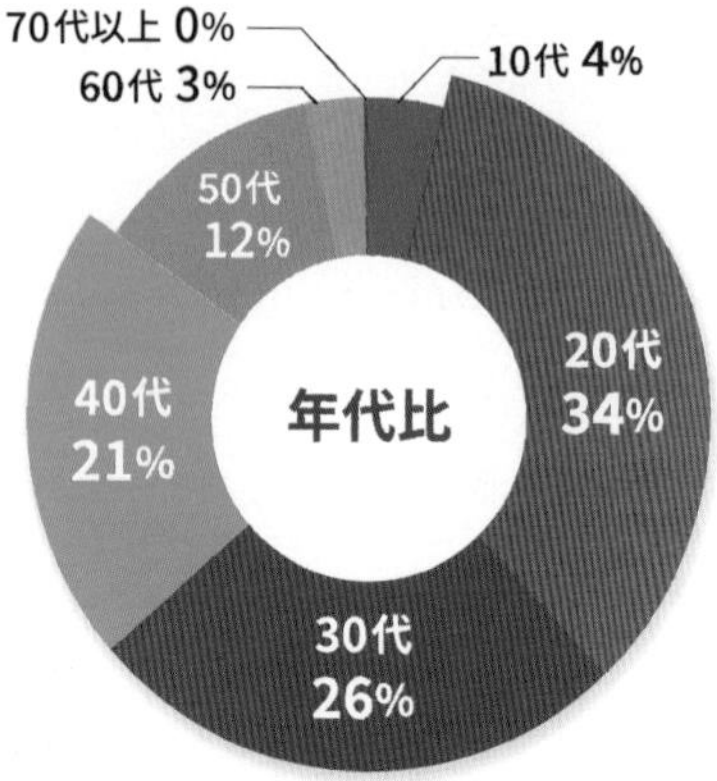

受験者の約80%が 20〜40代の女性です。

合格者の声

中野川ミシェル
麻衣子さん　接客業

自分が入れた紅茶を美味しいと言って頂けるのがとても嬉しいです。

三木 たづ子さん　主婦

いろんな紅茶を飲んでお気に入りの紅茶を増やし、家族や友人たちと一緒に紅茶を楽しむ機会を作りたい。

ホエーたんぱく質（乳清たんぱく質）の変性が70℃くらいで起き始めるという科学的な根拠もあるようです。

ミルクが先……ミルク・イン・ファースト

冷たいミルクを入れたカップに熱い紅茶を注いだ場合は、ミルク内の液温は徐々に上がりながら最終的に70℃前後になるという経過をとるので、牛乳のまろやかなおいしさが感じられると主張する人がいます（実はこの私もです）。

理由は、乳たんぱく質の熱変性はほとんど起きないので、牛乳のまろやかなおいしさのもととされているたんぱく質で包まれている乳脂肪球の粒子が変化せず、維持されるからだと考えられます。ここから先は想像の世界ですが、脂肪球の表面のたんぱく質や乳清たんぱく質が熱変性し、脂肪球粒子がくっつき合って大きな粒子になると、口あたりのなめらかさが失われるのかもしれません。

カップに注ぐ牛乳の量はカップ3分の1というように、ミルクティーの自分好みの牛乳の割合が最初から決まっているのなら、先に入れておくのもおすすめですね。

だから結局どっちなの？と言いたいところですが、英国の紅茶好きの間でも議論が尽きない、永久に結論が出ない難題ですからこのへんで……。

ミルク・イン・ファースト。

Q 23 「ミルクティー」と「ロイヤルミルクティー」って何が違うんですか？

A いれ方や濃厚さが異なります。「ロイヤルミルクティー」という名称は日本で生まれました。

スリランカ式ミルクティーの「キリティー」。

「ミルクティー」は、紅茶に牛乳を加えてつくります。牛乳のかわりに練乳やエバミルク（濃縮乳）、粉乳などを使うこともあります。植物性のクリーミングパウダーやポーションタイプのミルクは、やわらかな紅茶本来の味わいとマッチングしないことがあり、ミルクの代用としてはあまり向きません。「ロイヤルミルクティー」は英国式の紅茶だと思われているかたも多いと思いますが、実はイギリスにはありません。ロイヤルミルクティーは、日本のホテルやティールームなどのメニューとしてサーブされています。一般に鍋で牛乳と水から上手に茶葉の成分を煮出して、まろやかなコクのあるミルクティーになっています。ふつうのミルクティーよりも牛乳の分量が多く、紅茶成分もリッチで濃いめにつくられるケースが多いようです。

もっと知りたい！

紅茶の楽しみ

4

Now's the Tea Time

Q24 「アフタヌーンティー」や「クリームティー」ってなんですか？

A 貴族から始まった贅沢でボリュームある「アフタヌーンティー」、ティータイムに気軽に楽しめる「クリームティー」、ともにイギリスで伝統的なティーとフーズの楽しみ方です。

日本では、アフタヌーンティーがこれまでにないほど盛んになってきて、まさにブーム。有名ホテルやティールームでは工夫を凝らした華やかなアフタヌーンティーがありますが、人気の場所では休日など予約がすぐにいっぱいになるようです。イギリス・ロンドンはもちろんですが、今や世界の一流ホテルでは必ずといってよいほどアフタヌーンティーのコースが準備されており、おいしい紅茶とスイーツやフードのバラエティーを優雅な雰囲気のなかで楽しませてくれます。

アフタヌーンティーが誕生したのは、イギリスのビクトリア女王時

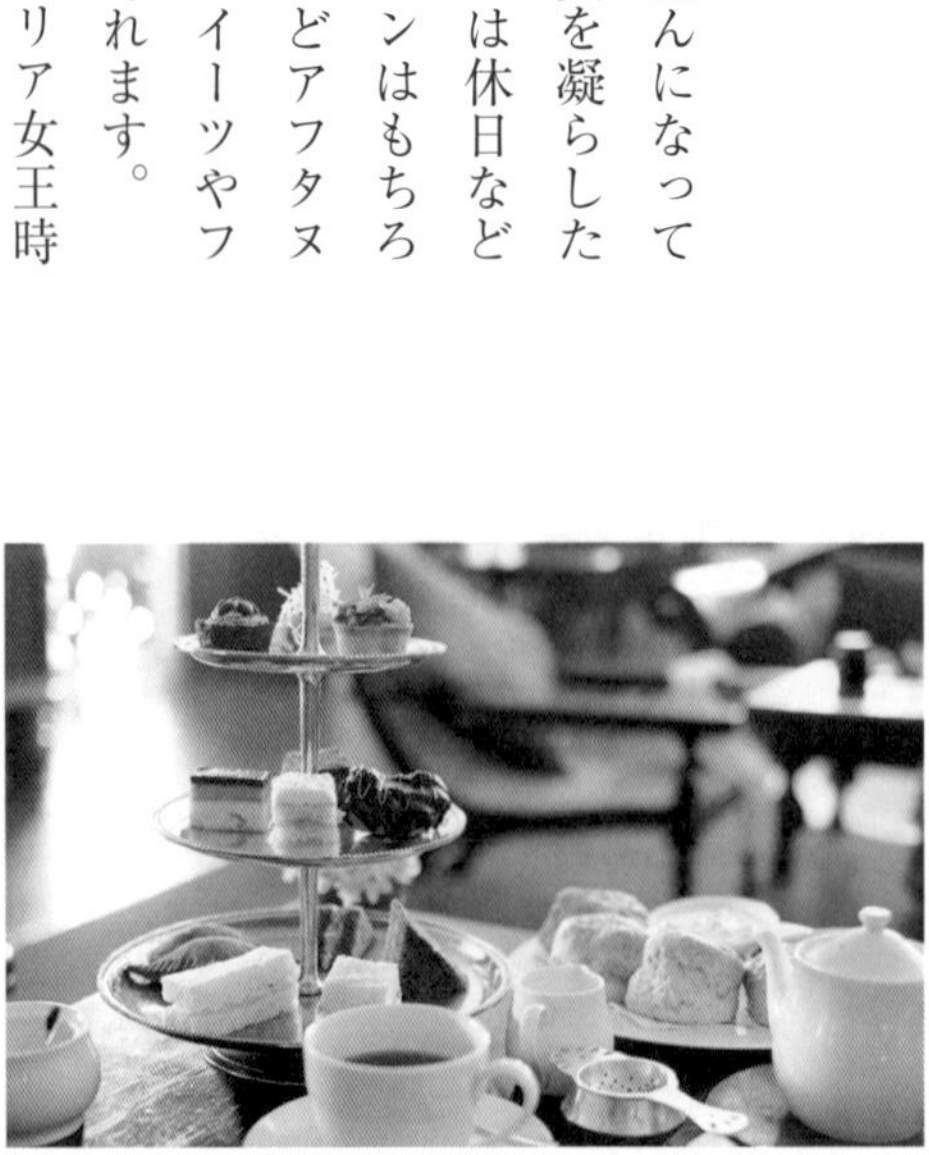

スリランカのホテル「アマンガラ」のアフタヌーンティー。

代（1837年〜）の1840年頃で、当時のベッドフォード公爵夫人[*1]であるアンナ・マリアが、遅い夕食の時間までに空腹で気分が沈んでしまうのがいやで、侍女に命じて準備させたバターつきのパンと紅茶で一服して元気を取り戻したことに始まります。アンナはこのすばらしさを教えたくて貴族仲間を自分の邸宅に招待して、ファイブ・オクロック・ティー「午後5時のお茶」仲間を増やしていったのでした。この午後のお茶会は次第にロンドンの上流社会で流行し、全国的な習慣として定着したといわれています。

また、アフタヌーンティーのサービスとして、ポットでサーブされる各種の紅茶は、フードを楽しみながら自由に飲みすすめるよう途切れることなく補充されることが大切です。イギリスでは「ティー・ウィズ・ミルク」つまりミルクティーで楽しむことがふつうですが、紅茶にミルクや砂糖を加えるかどうかはもちろん自由です。フードは、まずきゅうりサンドに代表されるおいしいサンドイッチ類、次いでスコーンのセット、ラストがクリームペストリーやフルーツケーキなどの洗練されたイギリス版スイーツの三本立てを基本としています。ホテルやレストラン、ティールームのアフタヌーンティーのコースでは、シェフやパティシエによる個性豊かで工夫を凝らしたアフタヌーンティーが繰り広げられます。スコーンにはもちろんク[*2]ロテッドクリームとジャム類が添えられます。目で見て楽しく、ティーを飲んでフードを食べて、会話を含めて店ごとに楽しく特徴のある内容になることでしょう。ティーとはいえ、時間をかけてのフルコースのアフタヌーンティーが終わる頃には、満足感とともにおなかもいっぱいになっていると

＊1 イングランドの州でロンドンの北方約 70㎞にある。

＊2 クロテッドクリームとは、ジャージー種の牛乳からつくられる乳脂肪分が高く濃厚なクリーム。イギリス南西部にあるデボン州とコーンウォール州の両方でつくられるものが有名。

思います。

　また、イギリスの一般家庭でのアフタヌーンティーは、あらかじめ日時を決め、ホスト（主催者）となる人たちの自宅にさらに交流を深めたい人たちを招待して、親睦を目的として開くことが多いようです。このお茶会は、サンドイッチ、スコーン、タルト、さまざまなケーキやパイなどを準備してティーでもてなし、招待された参加者もフードを持ち寄ったりして楽しむのです。

　クリームティーとは、イギリスの店ではごくふつうに楽しむことのできる万人向けのティーメニューで、内容はティーと焼きたてスコーンのセットです。スコーンに添えるのは、クロテッドクリームといちごジャムなどベリー類のプレザーブです。

　焼き上がったスコーンを上下に割り、かたくこってりとしたデボンシャー（デボン州）産やコーンウォール州産のクロテッドクリームとジャムをのせて口に入れ、たいていはティー・ウィズ・ミルクで紅茶を流し込む？　いや飲むのですから、おいしくないわけがありません。

　スコーンにクロテッドクリームを先に塗ってからジャムをのせるデボン流か、その逆でジャムが先でその上にクリームをのせるコーンウォール流がよいかについては、熱い議論があるそうで好みが分かれるところです。

イギリス南部チチェスターのティールーム「シェファーズ」のクリームティー。

Q25 「イングリッシュブレックファストティー」や「アフタヌーンブレンド」って何ですか？

A イギリスの食文化から名前がつけられたブレンド紅茶です。

イングリッシュブレックファストティーは元々英国流のたっぷりと量のある朝食（イングリッシュブレックファスト）とともに飲む紅茶として、消化を助けるために、また、さわやかな一日をスタートさせるためのブレンドとしてつくられたものです。伝統的にはアッサムとセイロンのブレンドですが、現在では、ケニアなどのアフリカ産をベースとしてアッサムやセイロンをブレンドすることも多くなってきました。イングリッシュブレックファストは、イングランドでサーブされる朝食のことです。スコットランドでは「スコティッシュブレックファストをお願いします」とオーダーしなければ、へそを曲げられてしまいますので、要注意。

アフタヌーンブレンドは、午後に飲む風味あふれるブレンドで、繊細なダージリンとパンジェント*なセイロンハイグロウン（141ページ参照）のブレンドなどがあり、きゅうりサンドやクリームペストリーなどにも調和する贅沢でクリエイティブな紅茶です。

＊さわやかでキレのある最良の渋み。

Q26 チャイは現地(インド)ではどのように飲まれていますか?

A インドの街では、鍋で煮出した熱々のチャイが赤土でできた丸い小さな土器のカップやガラスのコップに注がれ、1杯ずつ売られています。

チャイ(Chai)とは、インドで生まれた紅茶の飲み方で、現地では「ダスト」という粉のようにこまかい紅茶を牛乳で煮出し、砂糖も加えて、甘みをつけて飲みます。鍋を使って煮出すので、ポットでいれる方法とくらべてたいへんコクがあるうえ、牛乳と砂糖で栄養やカロリーがとれるため、現地の人々にとってのエネルギー源でもあるのです。

街中ではつくりたての熱々のチャイを「クリ」と呼ばれる使い捨ての赤土でできた丸い小さな土器のカップやガラスのコップに注いで、1杯ずつ売っています。どこのチャイ屋も人気で、常連さんたちでにぎわっています。また、家庭でも同じように鍋でチャイをつくり、家族で注ぎ分けて飲むのがふつうだそうです。

チャイのアレンジで人気なのが、スパイス入りのマサラチャイ。使われるスパイスは、シナモン、ジンジャー、クローブ、カルダモンなどですが、これらのスパイスを紅茶といっしょに牛乳が入った鍋で煮出しますので、たいへんパンチの効いた香り高いスパイシーな味わいです。

チャイのように鍋で煮出していれる方法を英語でシチュード（stewed）といいますが、世界でシチュードティー（stewed tea）が飲まれているのは、インドのほかでは隣国のスリランカ、パキスタン、バングラデシュなどです。

みなさんも寒い季節などにチャイをつくって、自分好みの新たな紅茶の楽しみ方を体験されることをおすすめします。

紅茶の種類と投入のしかた（茶葉を鍋に入れる前に湯で湿らすとよい）、牛乳の割合（牛乳：水＝1：1）、スパイスの種類、甘さなどいろいろな工夫ができて奥が深いです。注意点は、鍋で煮出す際に牛乳を使っているためふきこぼれやすいので、様子を見ながら火を弱め、止めるタイミングを上手にキメることです。カレーなどのインド料理にもチャイやマサラチャイはよく合います。

路肩に店を構えるコルカタ（旧カルカッタ）のチャイ店。

Q 27
和紅茶って、なんですか？

A
日本国内でつくられる紅茶のことです。

日本で主に飲まれている紅茶は、スリランカ（セイロン）産やインド産がほとんどですが、和紅茶はそのような紅茶生産国の紅茶とは品質がやや異なります。茶葉の外観すなわちグレードは大きめのホールリーフスタイルが多く、風味は渋みがやわらかく、香りは華やかですが、ややややさしい傾向のものが多いようです。

和紅茶づくりに用いられる茶樹の品種は、日本の茶産地で元々植えられている「やぶきた」やほかの日本茶用品種、また、かつて紅茶の国内生産が行われていたころからある、インド産のアッサム種に由来する「べにほまれ」から開発された「べにふうき」などが使われます。

１９９０年頃より再び始まった和紅茶づくりですが、近年は独自の紅茶製法がとり入れられるようになってきました。また、地域・地方ごとに品質向上にとり組む熱心な生産者によって、特徴ある高品質な和紅茶もつくられています。さらに、地域活性化への貢献も期待されて、地元で育つ「地紅茶」として紹介されることも多くなっています。

産地としては、温暖な静岡県や鹿児島県が数量的なシェアは大きいですが、緑茶ができるほとんどの県で和紅茶はつくられています。ちなみに、静岡県には金谷茶葉研究拠点、鹿児島県には枕崎茶葉研究拠点があり、日本茶の研究の要として知られています。

和紅茶の生産のほとんどは、元々緑茶をつくっている茶の生産者によって行われており、一番茶では緑茶を、二番茶では紅茶をつくるなど、新たなとり組みとして紅茶に挑戦する生産者が年々増え、現在では北は宮城県から南は沖縄県に至るまで、各県に広がっています。

日本国内の紅茶の消費量（輸入された紅茶）は、近年では年間１万５０００ｔから最大２万ｔほどです。和紅茶の生産量については正確な統計はありませんが、年間１００～２００ｔ（推定）ほどで、全体のせいぜい１％程度と考えられます。なお、日本茶に関しては、日本全国で２０２０年以降は年間約７万ｔの緑茶が生産されています。▼2

和紅茶の茶葉外観。

Q28 クリスマスティーってどんな紅茶ですか？

A クリスマスシーズンに飲まれる、フルーツやスパイスを加えた贅沢な紅茶のことです。

英国で紅茶文化が華やかに流行し始めたのは、ビクトリア女王の時代（1837～1901年）ですが、クリスマスの華やいだ雰囲気を盛り上げ、フルーツやスパイスを加えた特別なティーを贅沢に楽しもうということで始まったのが、クリスマスティーの起源のようです。

クリスマスティーで紅茶に加える材料は、伝統的なものではスパイス類としてシナモン、クローブ、ナツメグなど、ドライフルーツとしてオレンジやレモンのピールなどが使われていますが、特に固定されたものではなく、ホットティーに向く華やかで甘くスパイシーなフレーバーで、さまざまな有名ブランドの製品がクリスマスシーズンに登場します。

紅茶ブランドのなかには、クリスマスのアドベント期間を楽しむ「紅茶のアドベントカレンダー（25個の紅茶のアソート）」を販売しているところもあります。12月1日か

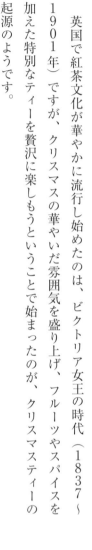

ら25日のクリスマスまで「今日はなんの紅茶だろう？」と毎日一つずつカレンダーを開けていきますので、はじめての味との出会いがあるかもしれませんね。また、その日の紅茶にはどんなお菓子が合うかな？とペアリングを考えたり、クリスマスまでの期間を紅茶で楽しんだりできます。

「カレルチャペック紅茶店」の「メリークリスマスティー」。オーナーの山田詩子氏のイラストで毎年デザインが変わる。

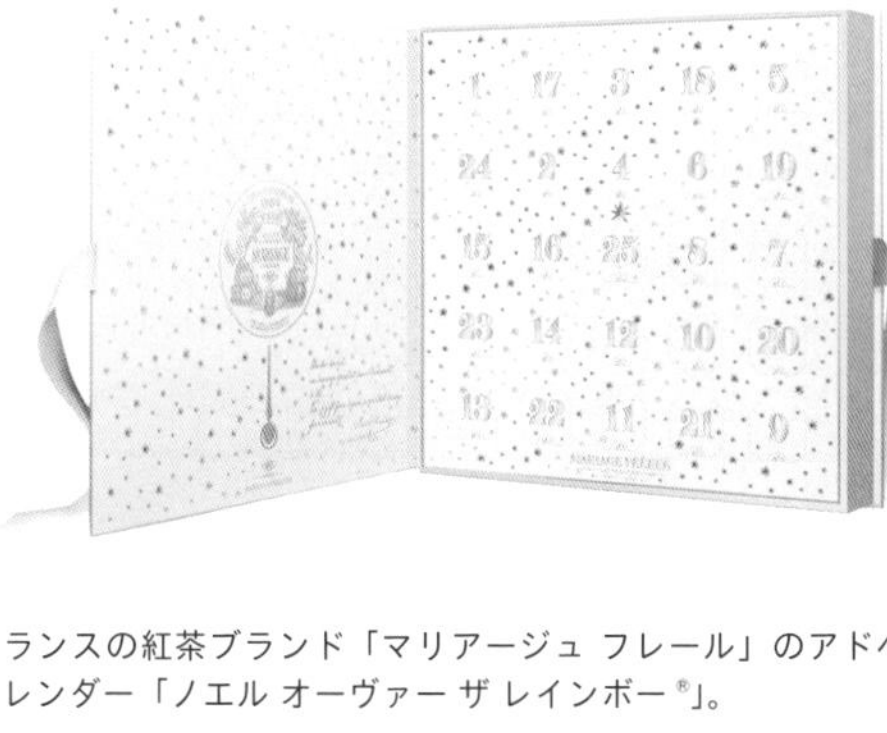

フランスの紅茶ブランド「マリアージュ フレール」のアドベントカレンダー「ノエル オーヴァー ザ レインボー®」。

Q29 アレンジティーにはどんな種類がありますか？

A 紅茶と果物の組み合わせが基本ですが、ドライフルーツ、ミルク、クリーム、ハーブ、スパイス、洋酒など、いろいろな組み合わせでアレンジできます。

アレンジティーは、紅茶に合わせる食材について、いろいろなアイディアを実際に試したうえでおいしく楽しめるものをつくり上げていきます。

フルーツの果肉や果汁を加えるもの、ミルクやクリームを使ったもの、ハーブやスパイス、洋酒などを使うもの、またさらにそれらを複数組み合わせたものなどいろいろと考えられます。ホットティーとアイスティーのいずれでもアレンジティーはできますが、ホットのほうがアイスよりも甘さを強く感じる傾向があるので注意します。

フルーツティーを組み立てるときにおいしく感じる重要なポイントとして、紅茶の強さ・フルーツの酸味・砂糖の甘み（糖度）のバランス、そして完成品の風味の濃さが大事になります。

果汁系の飲みものでは、糖度と酸度のバランスがうまくマッチングしていなければ、甘すぎるジュース、すっぱすぎるジュースになってしまいます。そこに渋みをもつ紅茶の香味を加えると、強い味になってしまうので、紅茶は相当薄めて味づくりをするのが基本です。甘さを控えめにした軽く薄めの紅茶に、果実や果汁（透明果汁と混濁果汁があるので使い分ける）をどのくらい加えるのがよいバランスになるか、実際に味わって組み立てます。アイスティーで見た目の透明感を出したいときは、透明果汁を使います。また、濃厚な果肉感を出したいときは混濁果汁を選びます。

自分の好みで、紅茶の濃さや、砂糖など糖分の量、オレンジやりんごなどの果汁量を決めて、酸味と渋みがけんかしないようにバランスよく仕上げれば、ゴクゴク飲めるおいしいアレンジティーに仕上がります。

次のページから、手軽に楽しめるアレンジティーのレシピをご紹介します。

アレンジティー①

フルーツティー

オレンジティー

〈材料〉（２人分）

・茶葉 ……………………………… 6g
・オレンジ ……………………………
3mm厚さのスライス２切れ
・熱湯 ………………………… 360mℓ

〈つくり方〉

1 p.69 の手順で、ホットティーをつくる。
2 温めたカップに紅茶を注ぎ、オレンジスライスを浮かべる。好みで砂糖を加えても。

point

クリスマスにはオレンジにクローブをさしてオレンジポマンダーティーに。

ドライフルーツティー

〈材料〉（２人分）

・茶葉 ……………………………… 6g
・ドライフルーツ（好みのもの）……
小さじ山盛り１杯
・熱湯 ………………………… 360mℓ

〈つくり方〉

1 p.69 の手順で、ホットティーをつくる。
2 温めたカップにドライフルーツを入れる。
3 紅茶を上から注ぐ。
4 ドライフルーツとともに紅茶を楽しむ。好みで砂糖を加えても。

おすすめの茶葉

ニルギリ、セイロンブレンド、レギュラー品のティーバッグ（日東紅茶「デイリークラブ」やリプトン「イエローラベル」）など。

アレンジティー②

アップルティー

〈材料〉（2人分）

- ・茶葉 ……………………………… 3g
- ・りんごジュース …………… 160mℓ
- ・熱湯 ………………………… 100mℓ
- ・氷 ……………………………… 適量

〈つくり方〉

1 p.69の手順で、ホットティーをつくる。
2 グラスいっぱいに氷を入れ、りんごジュースを注ぐ。
3 ホットティーを氷にあてながら注ぐ。

おすすめの茶葉

ニルギリ、セイロンブレンド、レギュラー品のティーバッグ（日東紅茶「デイリークラブ」やリプトン「イエローラベル」）など。

point

果汁系の飲みものと紅茶を合わせる場合、糖度と酸度、紅茶の渋みのバランスが重要になります。紅茶にフルーツジュースを加えると強い味になってしまうので、紅茶を薄めに味づくりをするのがコツ。紅茶の濃さ、果汁量、砂糖の量を試しながら「軽いソフトドリンク風」にするとおいしい。

アレンジティー③

ティーソーダ

〈材料〉（2人分）

・ティーバッグ ………………1〜2個
（リーフティー3〜4gでもOK）

・市販のペットボトル入りの炭酸水
（無糖・加糖どちらでもOK）
……………………… 500mℓ（1本）

・氷 ………………………………… 適量

おすすめの茶葉

アールグレイ、キャンディ、セイロンブレンド、ニルギリなど。

〈つくり方〉

1 ふきこぼれ防止に、30mℓくらい炭酸水を減らす。

2 ティーバッグをペットボトルに入れ、冷蔵庫にひと晩（8時間程度）おき、紅茶を抽出する。

3 炭酸のふきこぼれに気をつけながらペットボトルをそっと開け、ティーバッグをとり出し、氷を入れたグラスに注ぐ。リーフティーの場合は、ストレーナーを使ってグラスに注ぐ。

point

あらかじめ炭酸水を減らさないと、
蓋をあけたときにふきこぼれてしまいます！

アレンジティー④

グレープフルーツセパレートティー

〈材料〉（2人分）

- 茶葉 …………………………… 3g
- 熱湯 ………………………… 100mℓ
- グレープフルーツジュース … 120mℓ
- 氷 ……………………………… 適量

おすすめの茶葉
ニルギリ、セイロンブレンド、レギュラー品のティーバッグ（日東紅茶「デイリークラブ」やリプトン「イエローラベル」）など。

〈つくり方〉

1 p.69の手順で、ホットティーをつくる。
2 グラスいっぱいに氷を入れ、グレープフルーツジュースを注ぐ。
3 ホットティーを氷にあてながらそっと注ぐ。好みでシロップを加えても。

point

ホットティーを氷にあてるように少しずつ注ぐのが2層にセパレートするポイント。ビタミンたっぷりでさっぱりとしたグレープフルーツティーは、暑い季節におすすめです。

アレンジティー⑤

アイスミルクティー

〈材料〉（2人分）

- 茶葉 ………6g（ティーバッグ3個）
- 牛乳 ……………………………80mℓ
- 熱湯 …………………………… 120mℓ
- 氷 ……………………………… 適量

おすすめの茶葉
ディンブラ、キャンディ、ルフナ、アッサム、ケニア、アールグレイ、フレーバードティーなど。

〈つくり方〉

1 p.77のアイスティーより、抽出時間を少し長めにとって濃いめにホットティーをつくる。
2 グラスに氷を入れ、熱い紅茶液を注ぐ。
3 牛乳を注ぐ。シロップを入れると、コクが出ておいしいアイスミルクティーに。

point

ティーバッグの場合は、120mℓの熱湯に3つ入れて濃いめの紅茶をつくりましょう。

アレンジティー⑥

セパレートアイスミルクティー

紅茶が下、ミルクが上の場合

〈材料〉（2人分）

・茶葉 ……………………………… 6g
・熱湯 …………………………… 200mℓ
・砂糖 ……………………………… 30g
・牛乳 …………………………… 100mℓ
・氷 ………………………………… 適量

〈つくり方〉

1 p.69の手順で、ホットティーをつくる。
2 ティーサーバーに砂糖を入れ、紅茶を注いでよくかき混ぜ、砂糖をとかす。
3 グラスいっぱいに氷を入れ、2を氷にあてながら注ぐ。
4 牛乳を紅茶と混ざらないように氷にあてながらそっと注ぐ。

紅茶が上、ミルクが下の場合

〈材料〉（2人分）

・茶葉 ……………………………… 6g
・熱湯 …………………………… 200mℓ
・砂糖 ……………………………… 20g
・牛乳 …………………………… 100mℓ
・氷 ………………………………… 適量

〈つくり方〉

1 p.69の手順で、ホットティーをつくる。
2 鍋に砂糖と牛乳を入れ、砂糖がとけるまでかき混ぜながら加熱する。
3 グラスいっぱいに氷を入れ、2を氷にあてながら注ぐ。
4 ホットティーを牛乳と混ざらないようそっと氷にあてながら注ぐ。

おすすめの茶葉

セイロンブレンド、ディンブラ、アッサム、ウバ、ルフナ、レギュラー品のティーバッグ（日東紅茶「デイリークラブ」、リプトン「イエローラベル」）など。

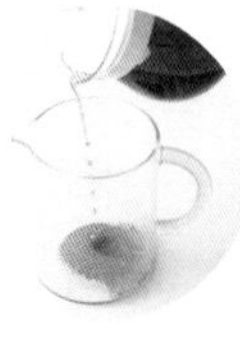

point

砂糖をとかして2つの液体に比重の差をつくることで、きれいなセパレートティーに。

煮出しチャイ

スパイス＆ハーブ入り煮出しミルクティー

〈材料〉（2人分）

・茶葉（チャイ）…………………… 10g
・熱湯 ……………………………… 少々
・牛乳 ………………………… 350㎖
・砂糖 ……………………… お好みで

おすすめの茶葉
〈チャイ用のティーバッグ2個〉、または〈アッサム10gにクローブ、カルダモン、シナモンなどお好みのスパイス＆ハーブ〉でも。

〈つくり方〉

1 茶葉を小皿に入れ、熱湯で湿らせる。ティーバッグの場合も熱湯で湿らせる。
2 ミルクパンに牛乳と 1 を入れ、火にかける。
3 沸騰したら火を弱め、ふきこぼれないように5分間煮出す。
4 ストレーナーでこしながらカップに注ぐ。

point

インドでは、茶葉の生産量の多いアッサムやその周辺地域のドアーズ、テライなどが主に使われています。街でも家庭でも、CTCタイプを鍋で煮出して甘くコクのあるチャイをつくっています。スパイスの種類や配合は、家庭やお店ごとに好みの秘伝で、ジンジャーも人気の材料です。

アレンジティー⑧

ロシアンティー

〈材料〉（2人分）

・茶葉 ………………………………… 6g
・ジャム ……………… お好みのもの
（ストロベリーやローズがおすすめ）
・ウイスキー（ウォッカなど）… 少々
・熱湯 ………………………… 360mℓ

おすすめの茶葉
ニルギリ、セイロンブレンド、レギュラー品のティーバッグ（日東紅茶「デイリークラブ」やリプトン「イエローラベル」など。

〈つくり方〉

1 p.69の手順で、ホットティーをつくる。
2 ウイスキーなどを混ぜたジャムを用意して、ジャムをひとさじ口に入れたあと、紅茶を飲む。

point

ジャムは紅茶にとかさずにそのまま口に含むのがポイントです。ロシアといえばウォッカ。ひと口グラスでひっかける感じで飲むのもおいしいでしょう。

Q 30 紅茶にレモンを入れると、色が薄くなるのはなぜですか？

A 紅茶が酸性になったことで、紅茶ポリフェノール成分の化学的な構造が変化したことによるものです。

紅茶にレモンを入れると赤みの強い水色《すいしょく》が薄くなり、黄色みを帯びてきます。紅茶液がレモンに含まれる酸（クエン酸やＬ-アスコルビン酸）で酸性になったために、赤く見える紅茶ポリフェノールの構造が水溶液中で変化して、可視光線の吸収波長が短波長側に移動した結果、赤みが薄らぎ、黄色みが強くあらわれるようになったと考えられています。色の見え方は、可視光線の波長（４００～８００nm：ナノメートル）に対応して七色《なないろ》ともいえるスペクトルがあり、分子構造によって吸収される光の波長が異なってきます。吸収されなかった波長の色があらわれて見えるとされています。

日本の水道水でいれる紅茶の場合、酸性度合を示すpH（水素イオン指数）はわずかに酸性側にあって大体5前後ですが、このときご存じのような明るく赤い美しい水色の紅茶になっています。ここにレモンを加えると、pHが大体4以下の酸性に傾きます。それに伴って水色は赤みが減り、イエローからオレンジ系の橙《だいだい》色になっていきます。逆に重曹（炭酸水素ナトリウム）などを加えてpHをアルカリ性側の8くらいにすると、暗く紅黒い水色に変化します。pHによって紅茶ポリフェノールの中の主成分であるテアルビジンやテアフラビン分子の構造に微妙な変化が起きて、吸収波長が変わることによると説明されます。色の変化すなわち光の吸収波長の変化は、分子構造中の二重結合が一つおきにどのくらいの長さや回数であらわれるかなどに関係していることが科学的に解明されています（図1）。

図1の分子構造で、紅茶ポリフェノールのなかで最も小さいグループの「テアフラビン」は橙黄色《とうおうしょく》を示しますが、大ざっぱにいえば、これの数倍から100倍くらいまでの大きさにつながって酸化重合した「テアルビジン」という成分が赤み（赤褐色から鮮紅色・暗赤色）と渋みの主成分です。それらの分子のなかで、二重結合が一つおきに長くつながっている部分があるので、赤系の色に見えていると考えられます。ただし、分子の種類は数え切れないほど多く、紅茶の種類によっても異なっているため、現代でもすべての分子構造は完全には解明されていないのです。

少しむずかしい説明でしたが、紅茶のポリフェノールはたいへん複雑で不明な点がたくさんあるのです。

図1　紅茶ポリフェノールの分子構造

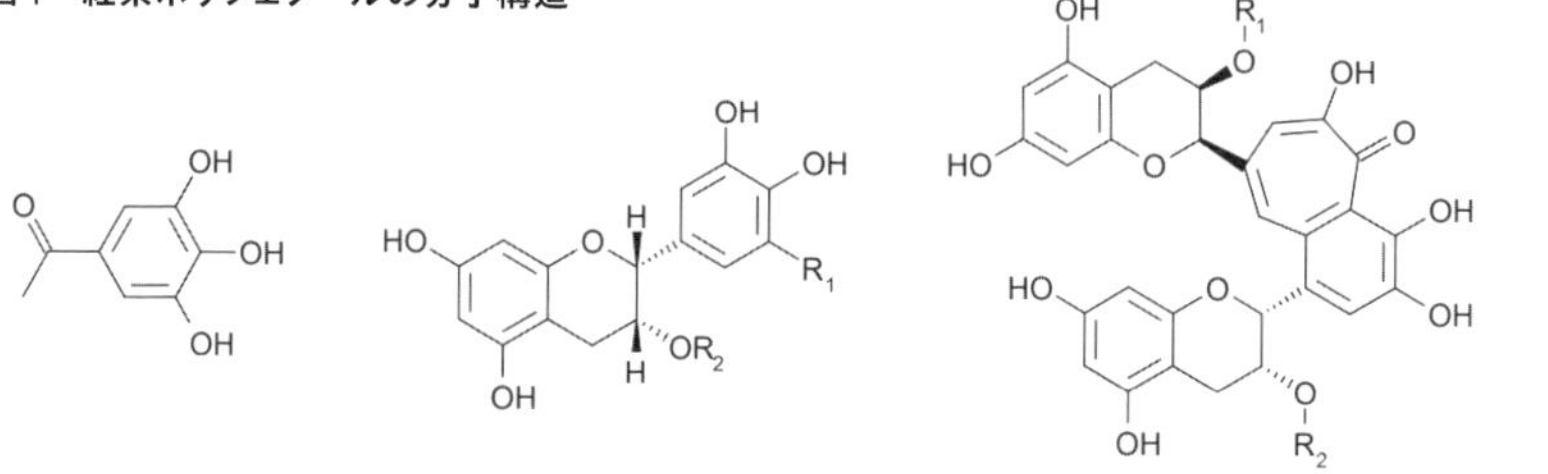

ガレート基
テアフラビンの
R1、R2 にくる。

カテキンの分子構造
R1には、Hまたは OH、
R2には、Hまたは、
ガレート基がつく。

テアフラビンの分子構造
二重結合が一つおきに
何カ所もある。
R1、R2 には、H または、
ガレート基がつく。

Q 31 紅茶を飲むとホッとする気がします。なぜですか？

A お茶特有のアミノ酸「テアニン」には
リラックス効果があるという
科学的な研究報告があります。

最近の研究で、紅茶やお茶に最も多く含まれているテアニンというお茶特有のアミノ酸に、リラックス効果があることが確認されました。

紅茶は世界で最もたくさん飲まれている嗜好飲料であることはご紹介しましたが、確かに一年じゅうどの季節でも、また、朝起きてから夜寝る前まで、どんな時間でもおいしく飲めるからこそ世界の人々に愛されてきたのでしょう。紅茶は人体に必要な水分をもたらすと同時に、茶の生葉《なまは》の成分が、茶由来の酵素の力で発酵し、さまざまな特有の成分となって複合的に人体の健康維持にもひと役買っています。

そのなかで精神的なストレスをやわらげるとともに、リラックスしてホッとする気分になる成分として報告されているのがテアニンです。紅茶や緑茶のおいしい旨みをもたらすのがアミノ酸類ですが、茶に含まれる全アミノ酸中の約半分ほどをテアニンが占めています。テアニンを使った実験から健康によい効能がいろいろ報告されていますが、安静時に増える脳波であるα波を高めることが人体で確認され、リラックスをもたらす効果があると考えられています。

もう一つ、テアニンについての注目すべき研究として、テアニンは脳内でのドーパミンの放出を増加させる働きがある、という報告があります。ドーパミンとは脳内神経伝達物質の一つで、ドーパミンが放出されることによって、やる気や意欲が持続するといわれています。お茶や紅茶を飲むことで、テアニンが体内に摂取され、消化管から吸収によって血液中に入り、体内を移動して脳まで届いてドーパミンの増加に働きかけると考えられます。そのドーパミンの働きとしては、疲れたときなどに気持ちをポジティブにしてくれると考えられます。

実際に、仕事で疲れたとき、ホッとひと息つきたいとき、リラックスしたいと思ったときにおいしい紅茶を飲みたくなるのは、テアニンの効果によるその役割の可能性が科学的にも明らかになっています。▼3

また紅茶にはカフェインも含まれていますので、カフェインとテアニンの両方を摂取することになります。テアニンはカフェインの興奮作用を静めると同時に、結果的に脳の働きである集中力を高めることにつながっていることも報告されています。

専門用語が多く理解するのが少し複雑だと思いますが、これらの研究報告は紅茶が大好きな私たちにとってうれしい情報ですね。

Q 32
紅茶に含まれるカフェインについて教えてください。

A
利尿作用や覚醒作用があり、紅茶の茶葉には、重量あたり約3％含まれています。

カフェインには、利尿作用や覚醒作用などがあり、最近の研究では、紅茶やお茶に含まれるテアニンというお茶特有のアミノ酸との相互作用で集中力が高まるといったプラスの効果も認められてきています。

一方で、あまり大量に摂取し続けると中毒になる可能性があるといわれ、「安全な摂取量の範囲はどのくらいまでなのでしょうか？」「毎日飲んでも問題ない紅茶の杯数は何杯なのでしょうか？」という質問をよく受けます。

紅茶の茶葉には、重量あたり約3％のカフェインが含まれています。カフェインは熱湯にとけやすいので、飲用時の紅茶液にも含まれているのです。

紅茶の浸出液100gあたりに含まれるカフェイン量は30㎎。対して、コーヒーは60㎎、煎茶（緑茶）は20㎎です。つまり、1杯あたりで比較すると、紅茶に含まれるカフェイ

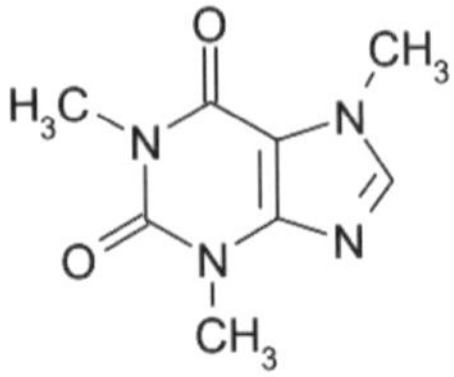
カフェインの分子構造

ン量は、コーヒーの約半分になります（八訂版日本食品標準成分表より）。

紅茶好きのかたで一日3回2杯ずつ、合計6杯飲むとすれば、一日の飲用量は150㎖×6杯で900㎖です。紅茶の浸出液100gあたりのカフェイン量は30㎎ですので、たっぷり6杯分900㎖の紅茶には30×9＝270㎎のカフェインが含まれていることになります。

健康に悪影響のないカフェインの摂取量の目安としては、次のデータ（欧州食品安全機関（EFSA）カナダ保健省など）があります。

- 成人の場合、400㎎／日
- 妊婦の場合、200〜300㎎／日

なお、子どもについては体重1㎏あたり2・5〜3・0㎎となっているので、体重20㎏の場合、50〜60㎎となり一日2杯くらいはOKです。実際に、イギリスなどの紅茶好きの国々では、子どもの頃から紅茶をたくさん飲んで育ったという人はごくふつうにいるのです。

Q 33 眠る前に紅茶を飲んでも大丈夫でしょうか。

A カフェインの影響度合いには個人差がありますので、自分の体で調べてみるのがおすすめです。

紅茶好きの国々では、朝から晩まで紅茶を飲むことが知られています。イギリスでは眠る前の紅茶も人気ですし、紅茶の生産国などでは遅い夕食後にも紅茶を飲んでいます。ミルクティーでもストレートティーでも好き好きです。紅茶には覚醒作用や利尿作用があるカフェインが含まれていることを説明しましたが、体への影響について考える場合、紅茶にはポリフェノール類やアミノ酸のテアニンなども多く含まれていますので、カフェイン単独で摂取するのとは同じではないようです。

カフェインの影響の出やすさや感じやすさは、個人差や体調にもかかわってくるようですので、ふだんから実際に眠る前に1杯飲んでみて、影響度合いを自分の体で調べてみるのがおすすめです。私個人の経験をお話ししますと、コーヒーは、夕方以降に飲むと寝つきが悪いのですが、紅茶に関しては問題なく、ミルクティーであればむしろよりよく安眠できる気がします。ご参考まで。

Q34 カフェインレスの紅茶は、ふつうの紅茶と味は違うんですか？

A ふつうの紅茶より、味と香りがややおとなしくなっているようです。

カフェインレスの紅茶は、ふつうの紅茶を原料として、カフェイン除去の工程を経てつくられます。現在最も多く用いられているカフェイン除去方法は、「超臨界炭酸ガス抽出法」と呼ばれる方法です。この方法は人体には無害で安全な炭酸ガス（二酸化炭素CO_2）を高圧の超臨界状態（液体と気体の中間の臨界状態。CO_2の臨界温度は31℃）にして紅茶の茶葉をいれ、茶葉からカフェインを抽出して除去します。その際にカフェイン以外の少量の天然成分がいっしょに抜けてしまうと考えられ、カフェイン除去前の紅茶とくらべるとややおとなしい香味になるようです。

ただし、アールグレイなどのように香料で香りをつけた製品の場合は、違いが感じにくくなっています。

ちなみに、「ノンカフェイン」というのは、もともとカフェインが入っていないもので、麦茶、ルイボスティー、ハーブティーなどを指します。

Q 35 紅茶にはどんな健康効果が期待できますか？

A 抗酸化作用、血糖値上昇抑制作用、抗菌作用など、さまざまな効果に関する研究報告があります。

お茶は紀元前から2000年以上にもわたって飲まれ続けています。昔から病を癒やす薬としての役割を担ってきたことに加えて、心や体を元気にすることが古くから伝えられ、書物（陸羽による『茶経』など）にも記されています。

紅茶は緑茶と同じ茶の木の葉からつくられますので、発酵工程でできる紅茶ポリフェノールという主な成分に加えて、茶葉由来のカテキン類も少ないながら残っているので、健康によい成分が幅広く含まれていることが確認されています。最近では紅茶ポリフェノールによる効果と考えられる、さまざまな新しい研究成果も報告されています。

ここでは、紅茶の主成分である紅茶ポリフェノールの健康効果に関連して研究報告されている内容について、できるだけわかりやすくご紹介します。たいへん興味深い報告がありますが、紅茶も緑茶もあくまで食品としての嗜好飲料で、医薬品ではありません。おいしくヘルシーな飲みものとして楽しんでいきましょう。▼4

○**抗酸化作用……**　紅茶や緑茶に含まれる主成分のポリフェノールには、抗酸化活性があるので、体内で有害な過酸化物質の発生を抑制したり消去したりすると考えられます。このことは心血管系の健全化や高血圧予防にも働くので、ひいては心臓系疾患の発症を抑えることとも関係があるでしょう。▼5

○**血糖値上昇抑制作用……**　紅茶を飲むと食後の血糖値の上昇をゆるやかにすることが研究報告されています。この効果については、緑茶を使った研究もあります。

○**インフルエンザウイルスの感染力不活化作用……**　試験管内での研究結果の報告ですが、紅茶ポリフェノールの一つであるテアフラビンは、インフルエンザウイルスに対する抗ウイルス活性（感染力を止める力）が強力で、緑茶に含まれるカテキンより桁違いの低い濃度でも強く働くことが確認されています。インフルエンザウイルスの表面にあるたんぱく質でできたスパイクの一つＨＡ（ヘマグルチニン）に紅茶ポリフェノールのテアフラビンが結合し、細胞への感染力をなくしてしまう効果があると考えられています。▼6

紅茶ポリフェノールはたんぱく質との結合性があるので、牛乳を加えたミルクティーではウイルスへの吸着ができなくなるため、抗ウイルス力も期待できなくなることを専門の研究者は解説しています。この場合の飲み方としては、一定の時間ごとに紅茶を口に含んで口のなかのウイルスを抑えるとともに、周囲への感染伝播も低減できる可能性として、ひと口目はストレートティーで飲むのがおすすめです。

○**脂肪の消化・吸収抑制作用……**　脂肪分解酵素（リパーゼ）の働きを阻害し、脂肪の消化・吸収を抑制するので、体脂肪の増加を抑えます。

また、緑茶の健康機能については、カテキン類を使っての研究が中心ですが、代表的なものだけでもたいへんに広い範囲で研究がすすんでおり、次のような分野で成果が報告されています。▼7

○**がん予防の可能性……**　静岡県での緑茶の飲用が多い地域を使った疫学研究。

○**循環器系や代謝……**　血圧、血糖、コレステロール、脂質代謝と肥満への保健効果。

○**抗ウイルス作用……**　インフルエンザウイルスの感染力低減への効果。

○**抗菌作用……**　食中毒細菌に対する殺菌作用。▼8　抗う蝕《しょく》作用（虫歯予防）。▼9

○**腸内菌叢《きんそう》の改善……**　腸内の善玉菌を守り、悪玉菌を抑えて菌叢の改善に働く。

また、英国茶業局による専門家報告（イギリスのティーカウンシルのティーアドバイザリーパネル）では、紅茶や緑茶と健康とのかかわりについて、飲用が一日4～5杯以上の人たちのグループと飲用をしない人のグループを比較して行った研究報告や疫学的な解説が数多く示されています。心血管機能の改善や糖尿病の発生の低下、高齢女性での骨粗しょう症の発生率の有意な差（ミルクからのカルシウム摂取との関連はあるが）、疲労感減少、虫歯発生予防効果（フッ素成分が摂取できることによる）などです。▼10

このように紅茶は、私たちの健康に関して広い範囲でメリットがある健康的な飲みものであることがわかりますね。

Q36 紅茶は一日何杯くらいまでなら飲んでもよいですか？

A 飲みたいと思う範囲で、一日何杯飲んでも大丈夫です。

お茶は紅茶も含めて、世界中の長い歴史のなかで人々にとって心の安らぎや体の健康を保つ飲みものとして、たいへんに愛され、またたくさん飲まれてきた実績があります。結論から言って、紅茶は飲みたいと思う範囲で、一日何杯飲んでも大丈夫です。通常の健常な人が紅茶をたくさん飲むことで健康を害することはありません。

仮にとても紅茶好きで一日3回2杯ずつ合計6杯飲むとすれば、150㎖×6杯で900㎖の紅茶を飲むことになりますので、食事も含めた1日に必要な水分量の約半分は紅茶からとることになります。この場合使われる茶葉の量は、ティーバッグなら1杯あたり約2g、リーフティーなら1杯あたり約3gですので、茶葉は合計12～18gということになります。

カフェインの量が気になる場合は、近年カフェインレスやデカフェの紅茶も各メーカーから発売されて選択肢が増えてきていますので、そのなかからお好きなブランドのものを選ぶのはいかがでしょうか。

世界一の紅茶飲みの国は？

世界の紅茶好きの国を2020年のデータで調べると、一人あたり最もたくさんの紅茶を飲む国はトルコです。赤ちゃんからお年寄りまで含め一人あたり年間約3kg以上の紅茶を飲んでいますので、カップ1杯の紅茶使用量を3gとすれば、1年間に平均1000杯以上（1日約3杯）の紅茶を飲んでいることになります。きっと多い人ではその3、4倍は飲んでいることでしょう。

続いて紅茶好きの国は、2位リビア、3位アイルランド、4位イギリス、5位カタール、6位スリランカです。やはりイギリスは上位で、年間1・5kgの紅茶を飲んでいます。表に一人あたりの茶消費量トップ10の国を示しましたが、10カ国のうち6カ国が紅茶を最も好んで飲む国です。国全体での紅茶消費量については、インドが年間120万tほども国内で消費しており、断トツのトップです。

世界の国別一人あたりの茶消費量　トップ10

	国	一人あたりの茶消費量（kg／一人・年）	種類
1	トルコ	3.23	紅茶
2	モロッコ	2.09	紅茶・緑茶のミントティー
3	リビア	2.05	紅茶
4	アイルランド	1.99	紅茶
5	香港	1.83	烏龍茶・プーアルなど
6	中国	1.78	緑茶・黒茶など
7	イギリス	1.52	紅茶
8	カタール	1.51	紅茶
9	スリランカ	1.35	紅茶
10	台湾	1.32	烏龍茶
	日本（参考）	0.77	緑茶・紅茶
	インド（参考）	0.81	紅茶

「一人あたりの茶消費量」ITC（International Tea Committee）2021年版統計資料、「種類」著者の調査に基づく推定。

茶葉について

5

Tea Leaves

Q 37 紅茶、烏龍茶、緑茶は、何からつくられるんですか？

A 紅茶も烏龍茶も緑茶も、同じ茶の木で、学名「カメリアシネンシス」（Camellia sinensis）というツバキ科に属する常緑樹からつくられています。

代表的品種には温帯性の「中国種 *Camellia sinensis var. sinensis*」と熱帯性の「アッサム種 *Camellia sinensis var. assamica*」の2種があります。中国種は灌木《かんぼく》（低木）で、地上ですぐに枝分かれし横に広がっていくタイプ。葉の大きさは9×3㎝以下。耐寒性が強く、主として中国本土や緑茶生産地帯で多く栽培されています。アッサム種は喬木《きょうぼく》（高木）で、放置すると18ｍの高さにまで大きくなるものもあります。葉の大きさは12×4㎝以上。葉肉は分厚いがやわらかく、主に紅茶用として栽培されています。

紅茶の大生産国インド、スリランカ、ケニアなどで植えられているのは、主にアッサム種です。例外としてインドのダージリン紅茶は主に中国種からつくられます。緑茶と烏龍茶も主に中国種からつくられます。世界ではそれぞれの国や地域ごとにつくられるお茶の種類に向いた品種の木が植えられています。

アッサム種

葉の大きさ

12×4cm 以上（成熟葉）

葉の特徴

・中国種より薄い。
・葉がとがっている。
・葉肉はやわらかいが厚め。

喬木《きょうぼく》

15m以上になるものもある。
幹があり、枝分かれが少ない。

中国種

葉の大きさ

9×3cm 以下（成熟葉）

葉の特徴

・厚みがある。
・葉に丸みがある。
・葉肉は薄くてかため。

灌木《かんぼく》

2〜3mで、地上ですぐに枝分かれし、横に広がっていく。

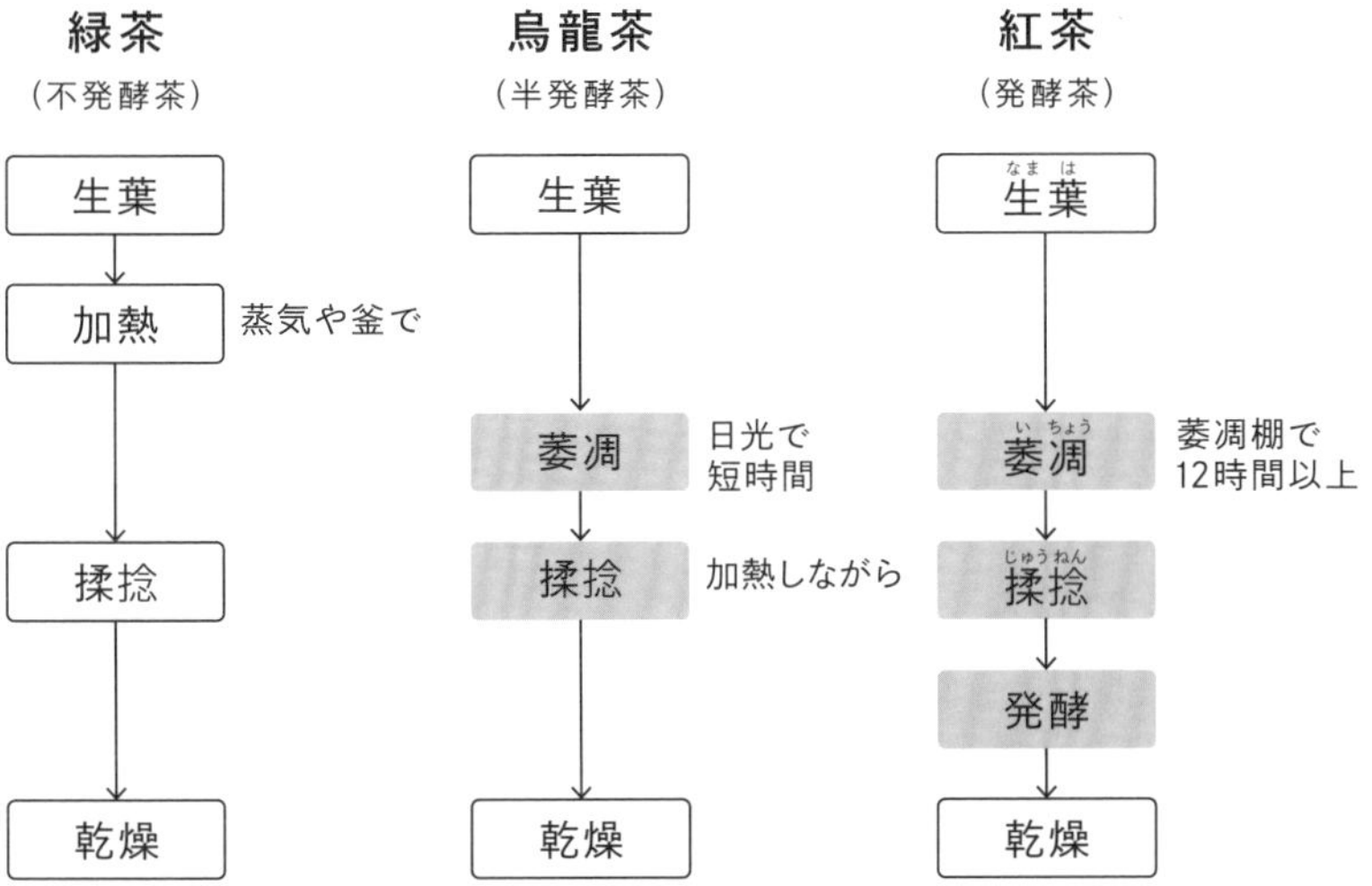

＊グレージ地は発酵の工程を表します。

Q 38

紅茶は、日本茶や中国茶（烏龍茶など）と何が違いますか？

A

発酵度が違います。紅茶は発酵茶、日本茶（緑茶）は不発酵茶、烏龍茶はその中間的な半発酵茶です。

茶の木の葉からつくったのに味も香りも異なるのは、生葉《なまは》中に含まれる「酸化酵素（ポリフェノールオキシダーゼ）」の働きをどう生かして、いつ止めるかという「製法の違い」がその理由です。まったく発酵させないのが緑茶（不発酵茶）、発酵の程度を調整して少なめに抑えたのが烏龍茶（半発酵茶）、十分に発酵させたのが紅茶（発酵茶）です。

紅茶は、生葉のなかの酸化酵素を十分に働かせて、元々の成分であるカテキン類（無色）から赤橙色《せきとうしょく》の紅茶ポリフェノール（成分名：テアルビジンやテアフラビン）がほどよくでき上がるまで発酵させたお茶です。

また、紅茶の香りの成分は、発酵工程中に、生葉中の加水分解酵素で糖類から切り離されて生み出されます。この発酵工程が、ほかの茶類と違う点なのです。つまり、紅茶

の製造には発酵工程があり、紅《あか》い水色《すいしょく》と紅茶独特の豊かな香りは、発酵（酵素による酸化反応や加水分解反応）を経てできてくるのです。

一方、日本茶（緑茶）の場合は不発酵茶ですので、茶摘みされた生葉は工場に着いたらすぐに蒸気をあてたり、釜炒りで加熱したりすることによって酸化酵素を失活させて、発酵しないようにします。

烏龍茶の場合は紅茶にくらべて発酵度が低い半発酵ですが、紅茶とは少し異なる工程になります。葉の水分を下げるとともに独特の香りをつくり出す工程でもある萎凋《いちょう》は、日光の下などで短時間だけ行い、その後はただちに茶の種類ごとに異なる方法で加熱しながら製茶する工程に入り、早めに発酵を止めるのです。この発酵度調整が、烏龍茶の種類によって異なる独特の味わいを生み出しているといわれています。

緑茶（不発酵茶）

烏龍茶（半発酵茶）

紅茶（発酵茶）

Q39 紅茶の「発酵」についてくわしく教えてください。

A 生葉《なまは》のなかにある「酵素」の働きを「発酵」といいます。

紅茶における発酵とは、葉（生葉）のなかにある「酵素」の働きによる発酵で、酒や味噌などの「発酵食品」に使われるような一般にいわれる「微生物」による発酵ではありません。紅茶の発酵について、少しくわしい科学的な説明を付け加えますので、ここでは紅茶ができる謎を解明して、みなさんの疑問を解決しておきましょう。

茶の生葉中には紅茶の発酵に関与する酵素として、「酸化酵素」と「加水分解酵素」があります。

「酸化酵素」は「ポリフェノールオキシダーゼ」と呼ばれ、透明無色のカテキン類に働いて、高分子にまでつなげてゆく酸化重合という反応をすすめます。その結果、紅茶特有の渋みの成分で赤い色でもある「紅茶ポリフェノール」をつくり出します。紅茶ポリフェノールの成分名としては、「テアルビジン」や「テアフラビン」があります。テアルビジンはルビーのような色から名づけられたようです。

「加水分解酵素」は「プリメベロシダーゼ」という名前の酵素が代表ですが、生葉中で、糖類と香気成分が結合した配糖体という状態から糖類を切り離す働きをします。プリメベロシダーゼが、紅茶らしい香気成分をつくり出しているのです。紅茶の華やかないい香りを形成する重要な揮発性の香気成分は、このように配糖体から加水分解されて生成されることが解明されました。

このことがわかると、ダージリンのファーストフラッシュも萎凋《いちょう》という香りをつくり出す発酵工程を経ており、紅茶に分類できるのだと理解できますね。▼11

紅茶の製造工程と発酵の模式図

（発酵茶）

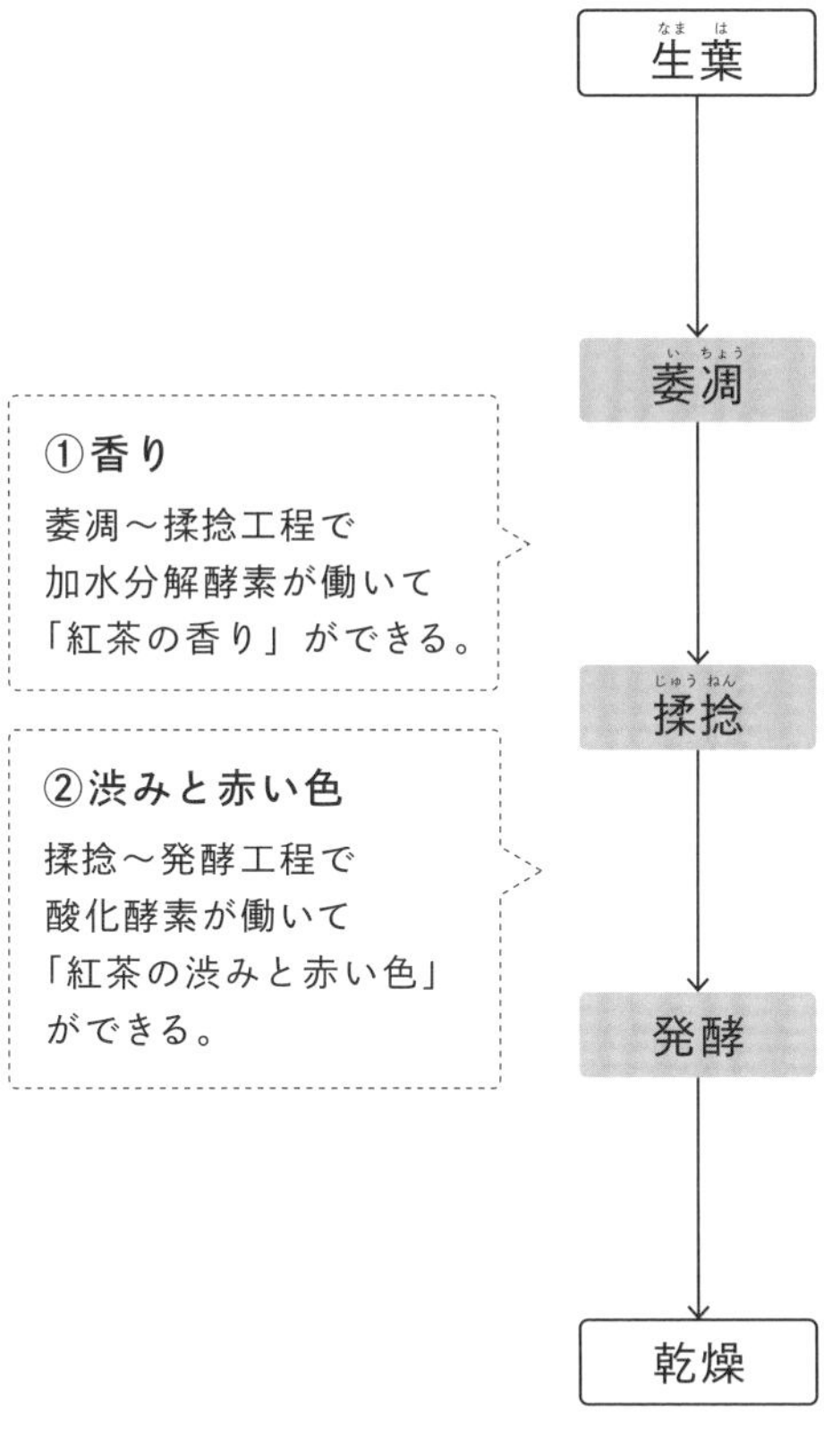

生葉《なまは》
萎凋《いちょう》
揉捻《じゅうねん》
発酵
乾燥
①香り
萎凋～揉捻工程で
加水分解酵素が働いて
「紅茶の香り」ができる。
②渋みと赤い色
揉捻～発酵工程で
酸化酵素が働いて
「紅茶の渋みと赤い色」
ができる。

Q 40
紅茶の製造工程を教えてください。

A
工程は生葉《なまは》の萎凋《いちょう》（しおらせる）、揉捻《じゅうねん》（もむ）、発酵（酵素による）、乾燥の流れですが、オーソドックス製法と、CTC製法があります。

紅茶の製造については、概略で以下のような工程でした。

紅茶（発酵茶）

生葉 → **萎凋**（12時間以上） → **揉捻** → **発酵** → **乾燥**

紅茶製造の「萎凋」「揉捻」「発酵」にあるすべての工程が最適条件ですすむことで、独特の豊かな香りと味わい、きれいな紅《あか》い水色《すいしょく》のおいしい紅茶が完成します。
紅茶の製造方法について、主要な生産国で行われている代表的な2つの製法（①オーソドックス製法A、Bと②CTC製法）に分けて少しくわしく説明します。
それでは、製造工程を紹介しましょう。

茶園の工場見学後のおいしい一服。スリランカ、ペドロ茶園で。

METHOD

1
オーソドックス製法

スリランカやインドのダージリンなど

Step 1

生葉《なまは》の摘採《てきさい》

新芽と上から２枚目までの１芯２葉、もしくは３枚目までの１芯３葉を摘む。

Step 2

萎凋《いちょう》

生葉を棚に広げて静置し、風を送りながら水分を半分ほどに減らししおらせる。所要時間およそ12時間以上。茶葉の水分量、天候、気温などにより時間を調整する。

Step 3　揉捻は２タイプに分かれる

Step 3-A

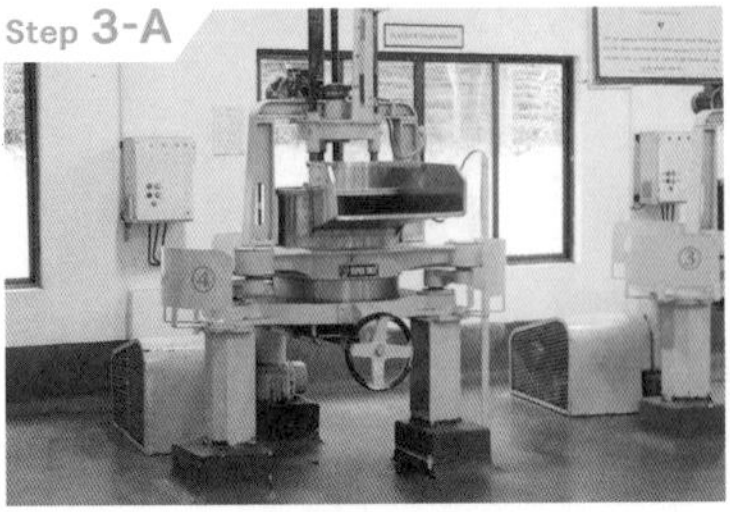

伝統的オーソドックス製法の揉捻

ダージリンやセイロン・ローグロウンなどのように大きい茶葉のOPタイプを中心につくる場合、ローラー式揉捻機だけで行う。

Step 3-B

ブロークン製法の揉捻《じゅうねん》＋切断

BOPやBOPFなどのブロークングレードを中心につくる場合、ローラー式揉捻機のあとでローターバーン機（ひき肉機と同様の構造で紅茶用に開発した機械）を通して、より小さいサイズに切断する。

ブロークン製法で萎凋後の茶葉切断用に使うローターバーン

※「萎凋」「揉捻」「発酵」の３工程は紅茶づくりに必須な発酵をすすめる工程です。

Step 4

発酵

ポリフェノールオキシダーゼという生葉中の酵素による酸化反応を十分にすすめる工程。所要時間２時間程度。

Step 5

乾燥

120度ほどの高温の熱風で酸化酵素を失活させ、発酵を止めると同時に、茶葉の水分を4%以下まで乾燥させる。

Step 6

グレード分け

でき上がった紅茶は、余計な茎や茶くずなどをとり除いたあと、ふるいによって大きさ別（グレード別）にされ、ロット分け（100kg程度の生産単位ごとにDJ-1、DJ-2などの通し番号を付番）される。

Step 7

包装

オーソドックス製法の紅茶の完成。

METHOD

2
CTC製法

インドのアッサムやケニアなど

Step 1

生葉《なまは》の摘採《てきさい》

１芯２葉、または１芯３葉を摘む。

Step 2

萎凋《いちょう》

生葉を棚に広げて静置し、風を送りながら水分を半分ほどに減らししおらせる。所要時間およそ12時間以上。茶葉の水分量、天候、気温などにより、時間を調整する。

Step 3

揉捻《じゅうねん》

萎凋後の生葉をローターバーン機で切断後、２軸ローラー構造のＣＴＣマシン（写真上の左側部分）でつぶす、引き裂く、丸める工程。写真上の右側と下の写真は、切断をするローターバーン機。

Step 4

発酵

ポリフェノールオキシダーゼという生葉中の酵素による酸化反応を十分にすすめる工程。所要時間２時間程度。

Step 5

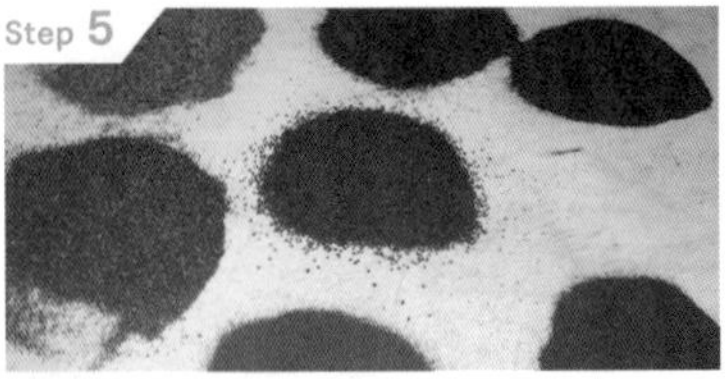

乾燥

120℃ほどの高温の熱風で酸化酵素を失活させ、発酵を止めると同時に、茶葉の水分が４％以下になるまで乾燥させる。

Step 6

包装

CTC製法の紅茶の完成。

※オーソドックス製法と同様に「萎凋」「揉捻」「発酵」の３工程は紅茶づくりに必須な発酵をすすめる工程です。

ORGANIC
BRITANNIA

GOODRICKE

Q
41

紅茶に旬はありますか？

A

はい。紅茶にもお米や果物のように旬があり、産地によって時期が異なります。

旬というのは、一年のなかで味が最もよいときをいいます。紅茶の場合、味や香りが最もよくなる季節を「クオリティーシーズン」と呼んでおり、世界の主要な紅茶産地ではそれぞれに異なるクオリティーシーズンがあります。

紅茶の産地は、地域によって乾期と雨期が存在しますが、旬といわれるクオリティーシーズンは乾期にあたります。香りが大切な紅茶にとって、生育時は日光によくあてたほうがよいといわれますが、その理由は紅茶の成分であるポリフェノールが太陽光線に当たることで生成されるからなのです。

各産地で共通していえることは、温暖で晴れの（日照が強い）日が多く、雨が少ない季節にクオリティーシーズンが来るということです。代表的な紅茶産地のクオリティーシーズンをあげると、左ページのようになっています。

紅茶のクオリティーシーズン（旬）と特徴

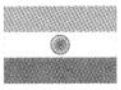

インド

産地	種類	時期	特徴
ダージリン	ファーストフラッシュ	3～4月	青みあるフレッシュな香り
	セカンドフラッシュ*	5～6月	マスカテルと呼ばれる極上の香味
	オータムナル	10～11月	やわらかな味わい
アッサム	セカンドフラッシュ*	5～6月	コクと甘みの芳醇な味わい
ニルギリ		1～2月（西斜面） 8～9月（東斜面）	すっきりとした爽快な香味

* ……特にすぐれているクオリティーシーズン

スリランカ（セイロン）

一年中茶摘みがある。以下の3つは高地産（ハイグロウン）

産地	時期	特徴
ウバ	8～9月	世界三大銘茶の一つでパンジェント（p.91参照）な渋みとフレーバー
ディンブラ	1～3月	セイロン紅茶を代表する華やかな香りとしっかりした渋み
ヌワラエリヤ	1～2月（西斜面） 6～7月（東斜面）	軽やかでフラワリーな香りと爽快な渋み。水色《すいしょく》は淡い

ケニア

赤道直下で一年中茶摘みがある。

産地	時期	特徴
ケニア	1～2月 6～7月	乾期が2度あり、クオリティーシーズンになる。香り高くコクがある渋み、輝くようなルビーレッドの水色の CTC 紅茶

Q42 「ファーストフラッシュ」、「セカンドフラッシュ」とはなんですか？

A フラッシュというのは、茶樹の新芽の芽吹きを意味します。「ファーストフラッシュ」は新茶である1番摘み茶、「セカンドフラッシュ」は2番摘み茶のことです。

地球上の紅茶の大産地のなかには、一年じゅう休みなく茶樹の生産が行われる赤道に近い地域（緯度およそ30度以下）と、気温が下がる冬の季節には生産が止まる赤道からやや離れた地域（緯度30度以上）があります。後者の紅茶産地の場合にかぎって1番摘みのファーストフラッシュや2番摘みのセカンドフラッシュがつくられることになりますが、具体例としては北東インドのダージリンやアッサムがあります。

ファーストフラッシュとセカンドフラッシュの違いは、生産時期の違いが生み出す紅茶の品質の特徴です。生産時期ごとに、気候（気温や降水量）が変化するので茶樹の新芽の生育状況が異なってくるのです。

特に有名なダージリンの場合、「ファーストフラッシュ」は例年3月半ば頃から茶摘みと製茶（生産）が開始されて4月末頃まで続きます。茶葉の外観は、明るい茶褐色で薄緑色の茶葉も混じることがあります。紅茶液は黄色〜橙黄色（イエロー）の淡い水《すい》色《しょく》が特徴で、香味はさわやかで力強いフレグラント（かぐわしさ）のなかにフレッシュ

ダージリンのタイガーヒルから望む、インド最高峰のカンチェンジュンガ。

インド・ダージリン紅茶での
「ファーストフラッシュ」と「セカンドフラッシュ」の違い

	ファーストフラッシュ	セカンドフラッシュ
順番	1番摘み	2番摘み
生産時期 （茶摘みと製茶）	3月半ばから4月末頃まで	5月半ばから6月末頃まで
発酵度	低い	高い
茶葉の外観色	明るい茶褐色で 薄緑色の葉が混じる	濃い茶褐色
紅茶の水色	淡い 黄色〜橙黄色（イエロー）	濃い 明るい橙赤色（オレンジ色）
香味	さわやかで華やかななかに やや青葉の香りが含まれ、 やわらかな渋み	マスカテルの特徴ある 甘い香りと力強い渋み

な青葉を感じさせるやわらかな渋みとボディー感が特徴です。これは、冬が明けたばかりで気温が低く、酵素による発酵がすすみにくいため、赤みの強い酸化重合したポリフェノールの生成が抑えられる一方、冬の休眠中に蓄えられた茶樹の成分が春の若葉の芽吹きのなかに豊かに含まれるので、香りも味もたいへんに力強い浸出液を得ることができるからです。

「セカンドフラッシュ」の場合は、例年5月半ば頃から6月末頃が茶摘みと製茶時期となります。日照量が増して気温が上がってくるため、ファーストフラッシュとくらべて発酵度がよりすすみ、典型的な紅茶らしくなります。茶葉の外観は濃い茶褐色、紅茶液は明るい橙赤色（オレンジ色）で、上級品になると香味の特徴が際立ち、やわらかながら力強い渋みに加え、ウッディでドライな甘い香りを兼ねそなえたマスカテル（ムスクにも通じる香り）という独特なキャラクター（特徴）があり、〝紅茶のシャンパン〟ともいわれるほどです（148ページ参照）。

一般に、アッサムやそのほかの産地も含めて、ファーストフラッシュ（1番摘み茶）とセカンドフラッシュ（2番摘み茶）の特徴の違いでいえることは、日照量が増え、気温が上がってくるセカンドフラッシュのほうが、生葉内のポリフェノール成分（タンニン）が増し、温暖な気温で発酵もすすみやすくなります。品質はファーストフラッシュより赤みのある水色《すいしょく》で、力強い渋みやコクになってくる傾向があります。

なお、スリランカやケニア、南インド、インドネシアなどでは一年じゅう生産されるので、ファーストフラッシュ、セカンドフラッシュという呼び方はしません。

ダージリン「ファーストフラッシュ」と「セカンドフラッシュ」の比較

ダージリン ファーストフラッシュ

水色

明るい萌黄《もえぎ》色から
淡褐色の淡い水色。

茶葉

良品はやや薄緑色から淡褐色で、よくよれたホールリーフOPタイプに、銀灰色のシルバーチップが含まれている。

ダージリン セカンドフラッシュ

水色

やや濃いめのオレンジ色。

茶葉

良品は濃い褐色でつやがあるホールリーフOPタイプに、銀色のチップ（シルバーチップ）が含まれている。

Q 43 産地が違うと、何が違うんですか？

A 茶葉の外観形状、味や香りの特徴、紅茶液の水色《すいしょく》が異なります。

セイロン、ダージリン、アッサム、ケニアなど、有名な紅茶産地名を聞いたことがあると思います。産地が違うことで品質の特徴が異なってきますが、具体的にはそれぞれの産地特有の茶葉の外観形状、味や香りの特徴、紅茶液の水色をもっているのです。

紅茶産地は、地球上の赤道から近い（およそ緯度30度以下）熱帯から亜熱帯にかけての温暖な地域に主に分布しています。同じアッサム種に属する茶樹でもその地域ごとに適した改良品種が植えられているうえ、異なる気候（日照量や気温、降水量などの季節変化）、土壌の違いで特徴ある紅茶にでき上がるわけです。

たとえば、スリランカ（セイロン）の場合で少しくわしく説明すると、セイロン島というティアードロップ型（涙型）の島の中央から南部に紅茶の産地がありますが、標高別に大きく3つに分けられ、次のような特徴があります。気候については標高が高いほど、昼夜の寒暖差があり、気温は低くなります。

産地によって、水色もいろいろ。

High Grown（ハイグロウン）

高産地　標高 1200 ～ 2000m

標高1200m以上で生産されるハイグロウン紅茶（有名産地はウバ、ディンブラ、ヌワラエリヤ）は、しっかりした渋みと地域ごとに異なる華やかな高い香りが特徴。水色の傾向は、明るく輝くような橙黄色。

Medium Grown（ミディアムグロウン）

中産地　標高 600 ～ 1200m

標高600～1200mで生産されるミディアムグロウン紅茶（有名産地はキャンディ）は、やわらかでバランスよい香りとほどよい渋み。水色は、ハイグロウンよりやや赤みが強くなる。

Low Grown（ローグロウン）

低産地　標高 ～600m

標高600m以下で生産されるローグロウン紅茶（有名産地はルフナ）は、甘い香りと濃厚でコクのある渋み。水色は、最も濃い赤みの紅色となる。セイロンティーの生産量全体の約６割以上を占める。

Q 44

茶園とはどんなところですか？

A

茶の生葉を摘んで紅茶ができるまでのすべての作業を行います。多数の人が茶園で生活しながら、茶畑の育成管理から工場での製茶まで行っています。

インドやスリランカなどの茶園は、ティーエステートやティーガーデン、大規模になるとティープランテーションなどと呼ばれます。それぞれの生産地域や経営単位ごとで規模は異なります。

・数百ヘクタールから数千ヘクタールといった広大な土地に茶樹を植えた茶畑
・茶摘みして収穫された生葉から紅茶製造を行う製茶工場

などがありますが、そこで数百名から数千名の茶業労働者が紅茶づくりに従事し、その

地域内の住宅に家族で生活しているのが一般的な茶園です。

茶園の職制は茶畑から工場までのすべての範囲をみる総責任者として茶園マネジャーがいます。マネジャーが変われば紅茶の味が変わるといわれるほど、茶園のことを熟知していて、部門ごとに管理者と担当者を配します。茶園マネジャーは、マネジャーズバンガローと呼ばれる茶園内の瀟洒《しょうしゃ》な邸宅に居住しています。

一般に、男性は茶園の圃場《ほじょう》での茶樹育成管理や工場の機械設備などの保守管理、製茶実務、輸送業務を、女性は茶摘み（プラッキング）や工場内での製茶工程実務などを担当しています。

インドのアッサム州における平均的な茶園の規模は、１０００haほどの茶畑と年間２０００tほどの紅茶生産量で１０００名程度の労働者が働いているイメージです。東京ドームの面積は約５haですので、この１０００haの茶畑面積は東京ドーム２００個分という広さになります。

大規模な茶園では、茶園内での生活に必要な施設（住宅、保育園、小学校、診療所、物資の販売店など）が完備されており、茶園の外に出なくても安定した暮らしができるようになっています。

しかし近年では、紅茶生産国においても経済発展とともにＩＴ技術がすすみ、茶園内においてもスマートフォンが使える状況下、子どもたちは成長するとともに、地味な茶園の仕事よりも都会へ出て就職してしまう傾向が強くなっているようです。

Q 45

世界でいちばん紅茶を生産している国はどこですか？

A

世界の紅茶生産量1位の国は長年にわたってインドです。

2020年のデータでは、1位インド124万t、2位ケニア57万t、3位中国40万4000t、4位トルコ28万t、5位スリランカ27万6000tでした。また、2020年世界のお茶全体の生産量は約627万tですが、このうち紅茶は約344万tで、お茶全体のなかで紅茶はなんと約55%を占めており、最も生産量の多いお茶なのです。

すべてのお茶の生産量でみると、世界第1位の生産国は中国です。中国はご存じのように緑茶（ジャスミン茶も含む）、プーアール茶（黒茶）、紅茶、烏龍茶などいろいろな種類のお茶を飲みます。1位の中国や2位のインドは人口も多いことから、3位以下を大きく引き離しています。

世界の茶生産量ランキング（2020年）

	国	生産量（t）
1	中国	2,986,016
2	インド	1,257,530
3	ケニア	569,536
4	トルコ	280,000
5	スリランカ	278,493
6	ベトナム	186,000
7	インドネシア	126,000
8	バングラデシュ	86,394
9	アルゼンチン	73,000
10	日本	69,800
	その他の国計	356,184
合計		6,268,953

世界の紅茶生産量ランキング（2020年）

	国	生産量（t）
1	インド	1,240,000
2	ケニア	570,000
3	中国	404,000
4	トルコ	280,000
5	スリランカ	276,000
6	インドネシア	97,000
7	ベトナム	96,000
8	アルゼンチン	71,000
9	バングラデシュ	86,000
10	ウガンダ	66,000
参考	日本	100
	その他の国計	249,900
合計		3,436,000

おいしい
紅茶の産地

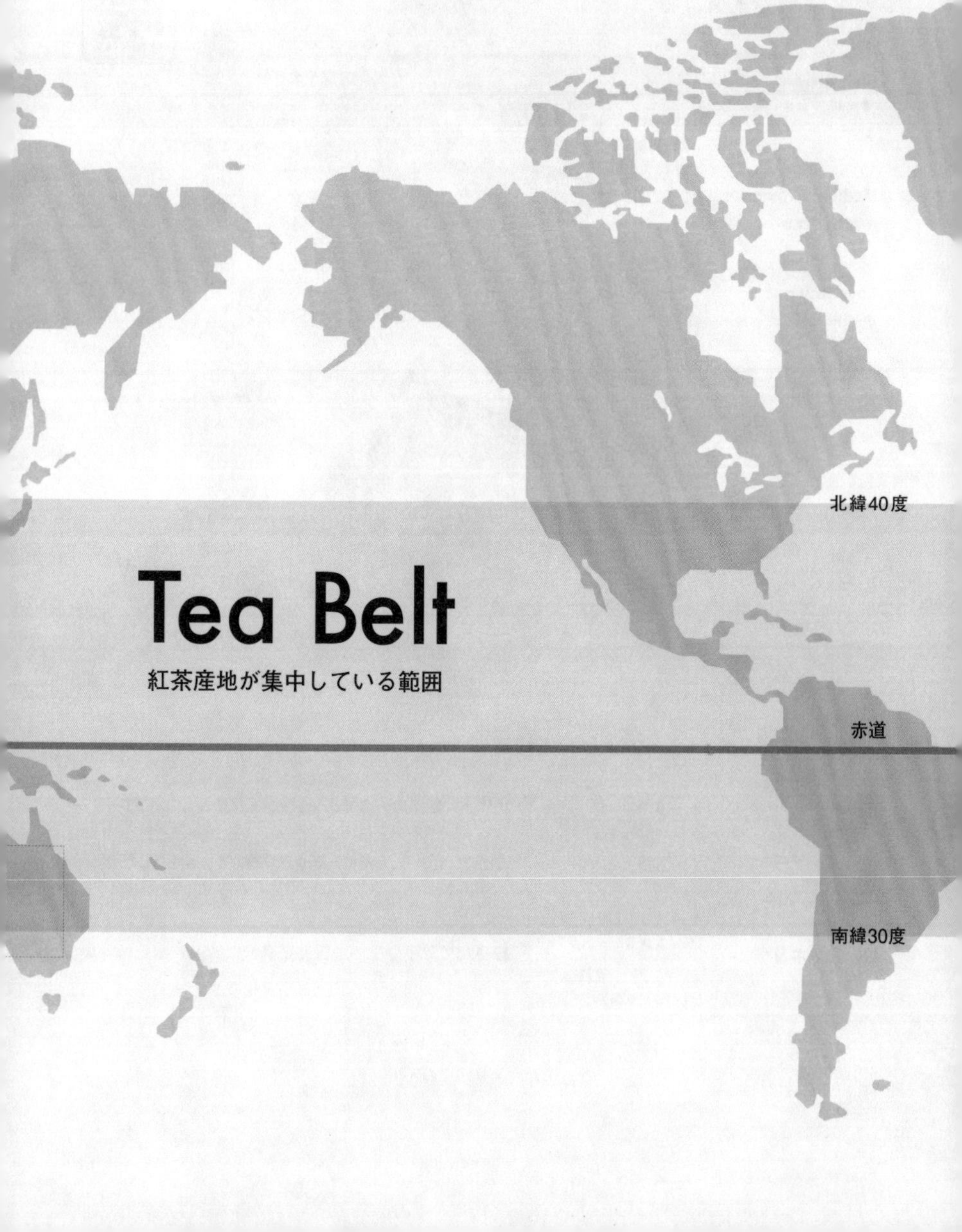
北緯40度
Tea Belt
紅茶産地が集中している範囲
赤道
南緯30度

スリランカの（セイロン）紅茶

セイロン島南部の中央にある
山岳地域の高地を中心に
有名産地があります。

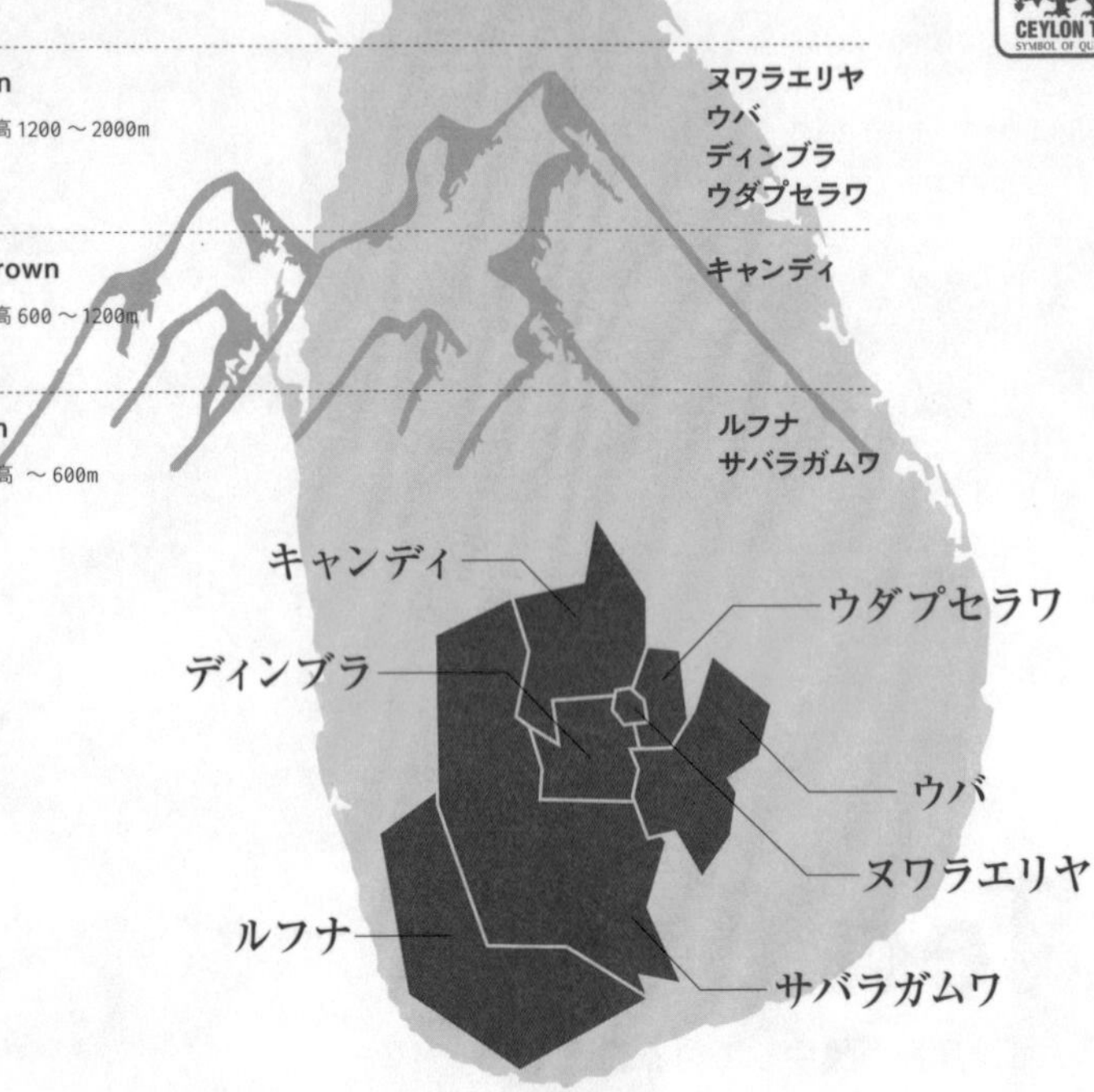

●紅茶のクオリティーシーズン（旬）と特徴

ウバ	8～9月	世界3大銘茶の一つでパンジェントな渋みとウバフレーバー
ディンブラ	1～3月	セイロン紅茶を代表する華やかな香りとしっかりした渋み
ヌワラエリヤ	1～2月（西斜面） **（ディンブラシーズン）** 6～7月（東斜面） **（ウバシーズン）**	軽やかでフラワリーな香りと爽快な渋み。水色は淡い

インドの紅茶

北東インドと
南インドに
有名産地があります。

※ 2023年2月時点での数字

●紅茶のクオリティーシーズン（旬）と特徴

ダージリン	ファーストフラッシュ	3～4月	青みのあるフレッシュな香り
	セカンドフラッシュ	5～6月	マスカテルと呼ばれる極上の香味
	オータムナル	10～11月	やわらかな味わい
アッサム	セカンドフラッシュ	5～6月	コクと甘みある芳醇な味わい
ニルギリ	年間を通して生産	1～2月（西斜面） 8～9月（東斜面）	すっきりとした爽快な香味

世界の紅茶の産地は、赤道の南北およそ北緯40度、南緯30度の範囲に断続的に広がっており「ティーベルト」と呼ばれます。

紅茶の大産地はインド、スリランカ、ケニア、インドネシアなどのように赤道に近い熱帯・亜熱帯地域にあります。温帯では北半球のトルコ、ジョージア、中国安徽省の祁門（キームン）、南半球のアルゼンチンなどです。地域ごとに特徴のある中規模の紅茶産地は赤道から離れた国や地域にも点在しています。

* くわしくは、裏面の拡大地図を参照。

Q46 日本は主にどの国から紅茶を輸入していますか？

A 1位はスリランカです。

近年、日本は1年間に約1万5000tから2万tの紅茶を輸入しています。

輸入先の順位は、1位スリランカ、2位インド、3位ケニア、4位インドネシア、5位マラウイです。1位から5位までの国から輸入されているのは、ほとんどがバルク紅茶と呼ばれる原料紅茶です。イギリスからは、重量に換算しての数量は少ないですが、英国ブランド製品として数多くの紅茶製品が輸入されていますので、金額ではかなり上位にランクされます。

リプトン「エクストラクオリティセイロン」
「リプトン青缶」として親しまれているリーフティー製品でセイロンハイグロウン100%のブレンド。

日本における国別紅茶輸入量（t）トップ5

	国	2021年	2020年
1	スリランカ	6,995	5,707
2	インド	3,813	3,846
3	ケニア	3,467	2,858
4	インドネシア	1,421	1,259
5	マラウイ	651	392
参考	イギリス	106	86
	その他の国計	1,175	810
合計		17,627	14,957

ITC（International Tea Committee）2021年版統計資料ならびに、日本紅茶協会『紅茶統計』2022年版データより著者が集計（p.144、145）。

DARJEELING 1ST

ダージリン ファーストフラッシュ（インド）

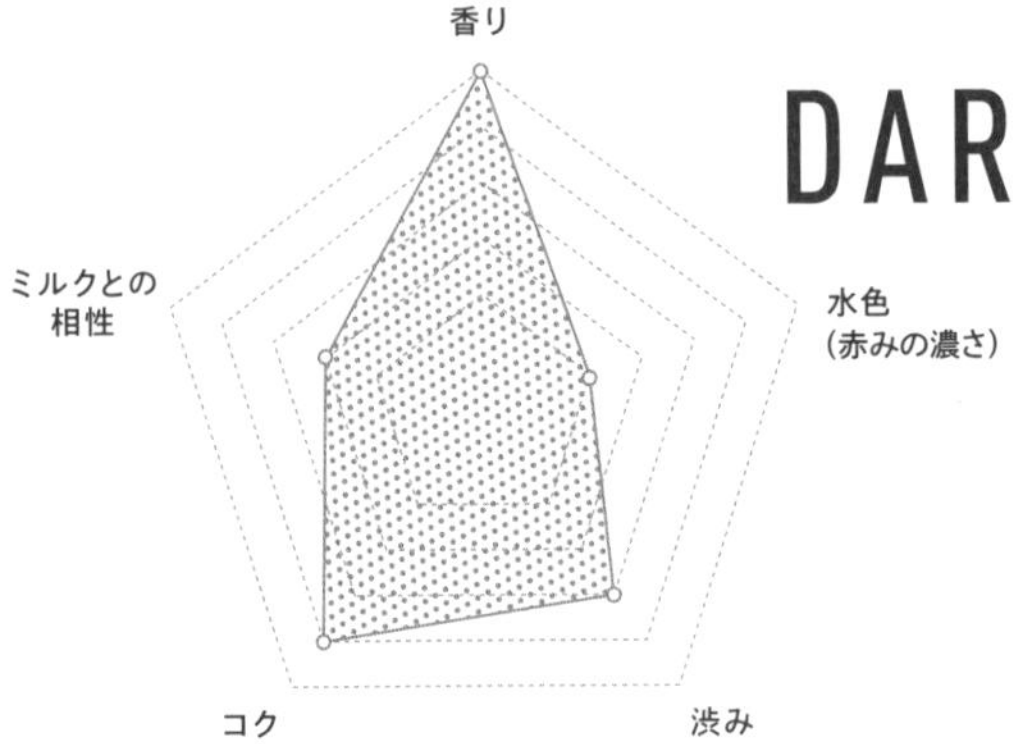

新茶で青みある フレッシュな香りが特徴

「ダージリン」とは、北東インドの西ベンガル州北端にあるヒマラヤ山脈の山麓の名のこと。標高500〜2000mにある87茶園で栽培・製茶された紅茶だけに使うことができる名称で、〝紅茶のシャンパン〟とも呼ばれています。

ダージリンでは「中国種」が起源のものが多く栽培されていて、ファーストフラッシュは3月から4月にかけて、最初に摘みとられる新茶です。冬の間に蓄えられた成分が、凝縮されて芽吹いた新芽に生まれ変わります。春の息吹を感じさせるやや青みのある、すばらしいフレッシュな香りとやわらかい味わいが特徴です。ときに、やさしいフレグラントな香りも感じられます。

水色

明るい萌黄《もえぎ》色から淡褐色の淡い水色。

茶葉

良品はやや薄緑色から淡褐色でよくよれたホールリーフOPタイプで、銀灰色のシルバーチップが含まれている。

標高

500～2000m

気温・気候

四季があり、昼夜の寒暖差が大きく、1年を通して冷涼

クオリティーシーズン

3～4月

オーガニック（有機）農法のアンブーティア茶園。

ダージリンの住居の多くは険しい斜面に建つ。

DARJEELING 2ND

ダージリン セカンドフラッシュ（インド）

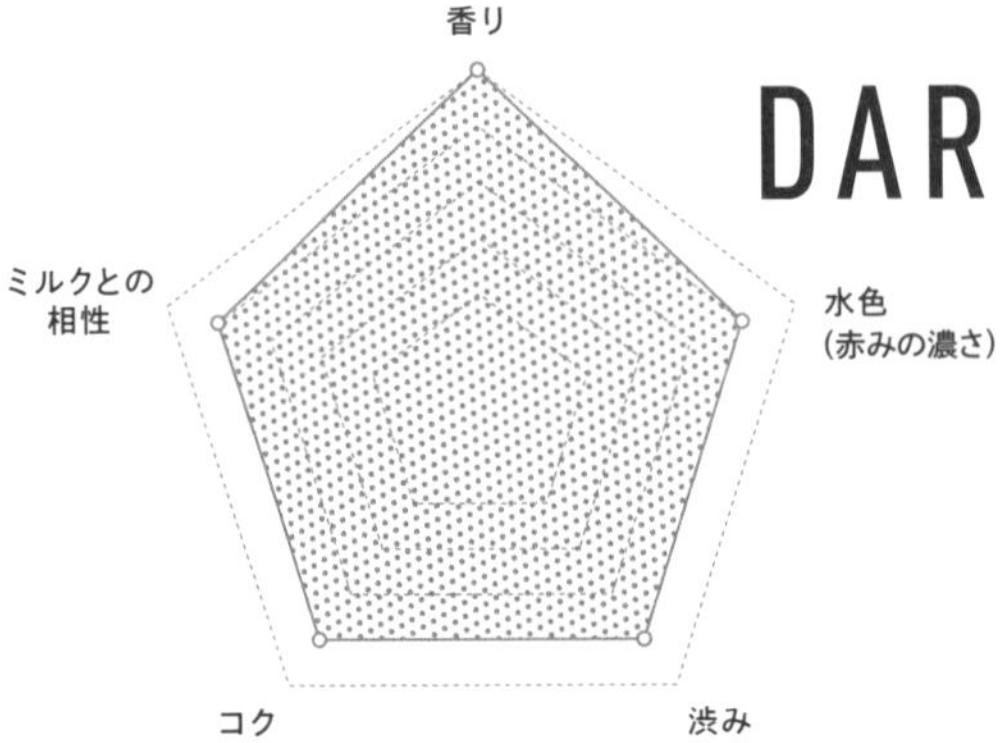

「マスカテル」と呼ばれる甘い香りが特徴の2番摘み

ダージリンのセカンドフラッシュは5月から6月にかけて摘まれる2番摘み茶で、水色《すいしょく》は明るい赤橙色。一年じゅうで、味・香りともに最も充実した紅茶になります。良品にあらわれる「マスカテル」と呼ばれる特徴ある香味は、ぶどうや香わしい木質系を含んだうっとりするような甘い香りが強く、フレグラントな香水のように芳香があるものや、かすかに桃やベリー類などの果実味も感じられることがあります。

茶園ごとにバリエーションあふれる香りの広がりが見られます。茶葉は濃い褐色で、良品ほど銀色のチップ（芽）をたくさん含んでいます。

*ダージリン紅茶の生産は1年で4回の茶期があり、春から順にファーストフラッシュ、セカンドフラッシュ、モンスーンフラッシュ、オータムナルがつくられます。

水色

やや濃いめのオレンジ色。

茶葉

良品は濃い褐色でつやがあるホールリーフOPタイプで、銀色のチップ（シルバーチップ）が含まれている。

標高

500～2000m

気温・気候

四季があり、昼夜の寒暖差が大きく、
1年を通して冷涼

クオリティーシーズン

5～6月

ダージリン南部の中心地カシオンまでもうすぐ。

セカンドフラッシュの茶摘みが一斉に始まっている。

ASSAM

アッサム
（インド）

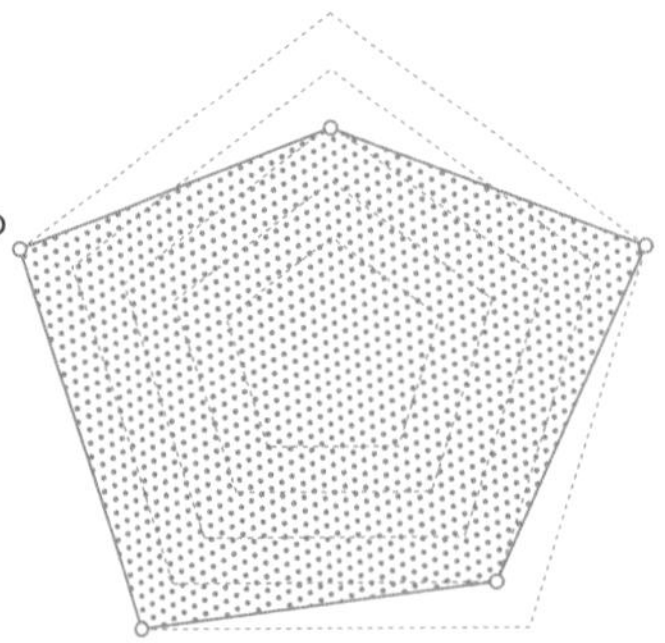

インド最大の生産地。まろやかなコクがあり、ミルクティーに向く

北東インドアッサム州を東から西に流れるブラマプトラ河流域両岸の、標高50～500mの広大な多雨地帯で生産されるインド最大生産地の紅茶です。ブラマプトラ河の州内の上流域、中流域、下流域でつくられ、さまざまな個性ある香味や品質があります。

時期は3～11月ですが、5～6月に生産される2番摘みのセカンドフラッシュの品質が最もよく、力強いまろやかなコクと渋みで甘みあるリッチな味わいは、「モルティー」（麦芽を意味する）と呼ばれるアッサム茶特有のキャラクターです。CTC製法の比率が90％以上ですが、オーソドックス製法による高級茶もつくられています。

水色

赤褐色の濃い水色。

茶葉

CTC製法とオーソドックス製法があり、オーソドックス良品のOPタイプにはゴールデンチップ（金色に見える芽）が含まれる。

標高

50～500m

気温・気候

年間降雨量2000mm以上の
多雨地帯で、平均最高気温は
28～32℃

クオリティーシーズン

5～6月

ブラマプトラ川中上流域ジョルハット付近のアッサム茶園。

茶樹の抜根作業では象が力仕事で活躍していた（2002年）。

NILGIRI

ニルギリ
（インド）

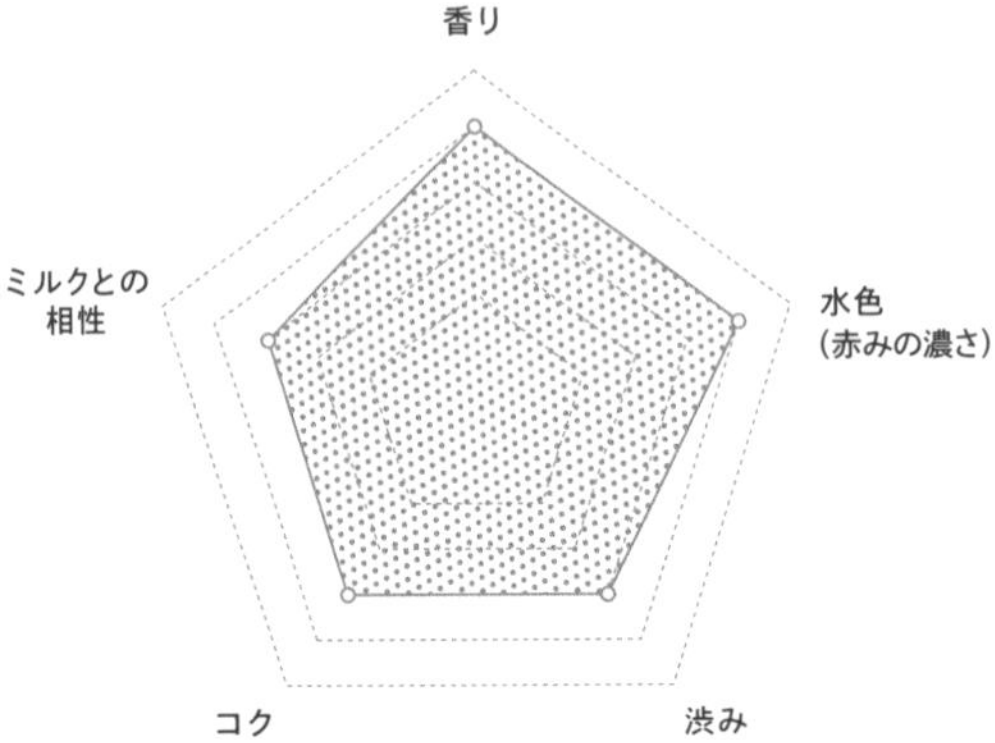

さわやかな渋みで柑橘系や木質系の香りのある南インドの高品質紅茶

南インドを代表する高品質紅茶で、インド半島南西端にある西ガッツ山脈に沿った標高１０００ｍ以上のニルギリ高原で生産されます。

ニルギリとは現地語で「青い山」の意味。地理的にスリランカに近く、香味の傾向もバランスのよいセイロン紅茶に似ていますが、渋みは軽く、繊細でさわやかな味わい。「クローナル」と呼ばれる中国種系茶樹品種の良品では、柑橘系や木質系の香り立ちがすばらしいものもあります。

年間を通して生産が行われますが、季節風の影響を受けるため、クオリティーシーズンは１～２月（西斜面）と８～９月（東斜面）の２回になります。

水色

明るいオレンジ色の水色。

茶葉

オーソドックス製法ではセイロン紅茶にくらべてやや大きめのBOP、BOPFで、つやのある茶褐色の外観に白いチップを含む。

標高
1200m 以上

気温・気候
雨量が多く温暖、快適な気候で、
夏でも最高気温は 25℃ほど

クオリティーシーズン
1～2月、8～9月

ニルギリのオーソドックス紅茶を生産するクーナー茶園。

日陰樹（シェードツリー）があるニルギリ茶畑と茶摘み。

DIMBULA

ディンブラ
（スリランカ）

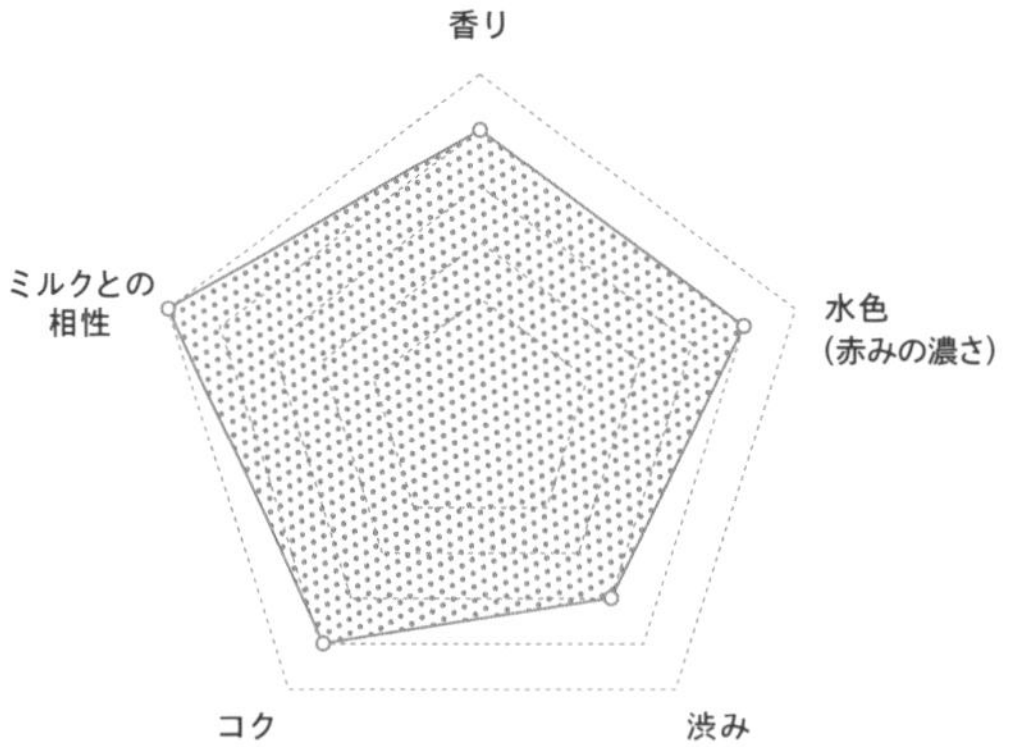

華やかな香りと強い風味でセイロン紅茶のイメージにぴったり

日本人にとって、セイロン紅茶のイメージにぴったりの紅茶といえば、ディンブラになるでしょう。

スリランカ中央高地の西斜面にある、標高１２００ｍ以上の高地で栽培されています。入念に製茶されたシーズナルなディンブラ紅茶は、淡く鮮やかな色合いで、ときにばらの花を連想させる華やかな香りを有します。「ブリスク」と表現され、口に含むとさわやかで、清潔感のある強い風味を感じ、それが特徴です。

品質が最高になるクオリティーシーズンは、乾期になる1〜3月。バランスのよい爽快な渋みは、ストレートでもミルクでもおいしく楽しめます。

水色

鮮紅色。

茶葉

オーソドックス製法のやや小さめの仕上がりのBOP、BOPFを中心につくられ、良品の外観色は濃褐色で少し紫がかったつやがある。

標高

1200m 以上

気温・気候

気温は 23 ～ 30℃で、
一年を通して温暖な気候

クオリティーシーズン

1 ～ 3 月

クオリティーシーズン2月のディンブラ茶園。

茶摘みの人たちは速く正確にプラッキング（引き抜く）を行う。

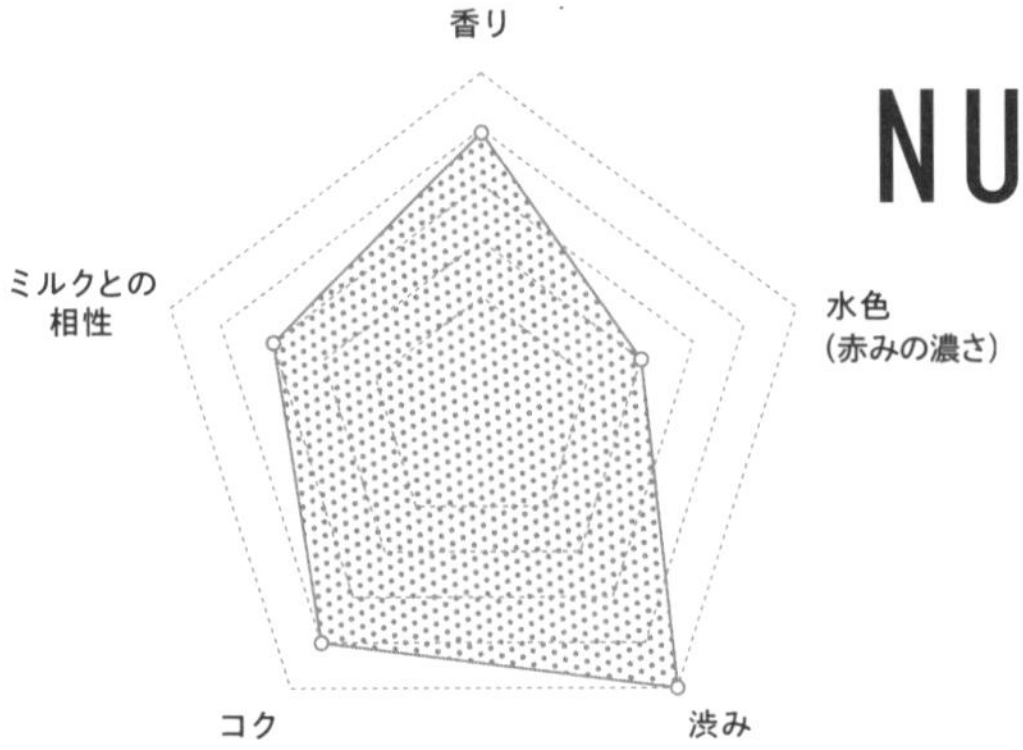

NUWARA ELIYA
ヌワラエリヤ
（スリランカ）

緑茶的で水色《すいしょく》は淡く、爽快で旨みある風味と華やかな香り

スリランカのハイグロウン紅茶のなかで、最も標高の高い１８００ｍ以上の生産地で、気温が低い高原気候のため、発酵がすすみにくく、それが味わいの特徴となり、緑茶に近い渋みを感じます。爽快な風味と旨みのあるコクに、ときに華やかなすばらしい香りをもちます。

ストレートで飲めばとても上質な味わいで、緑茶のように和菓子にも合いますし、ミルクを少し入れてもおいしいです。

クオリティーシーズンは１～２月（西斜面）と６～７月（東斜面）で、渋みは特にシャープでパンジェント（91ページ参照）な良品になります。

水色

淡いオレンジイエロー（橙黄色）。

茶葉

スリランカ紅茶の中では最も明るい褐色の外観。

標高

1800m 以上

気温・気候

平均気温は 16℃。夜は 10℃を
下回ることも珍しくない

クオリティーシーズン

1～2月（西斜面）、6～7月（東斜面）

ペドロ茶園工場隣接の茶畑、高地のため霧が出やすい。

一般の見学客も受け入れ、製茶工程を説明してくれる。

UVA

ウバ
（スリランカ）

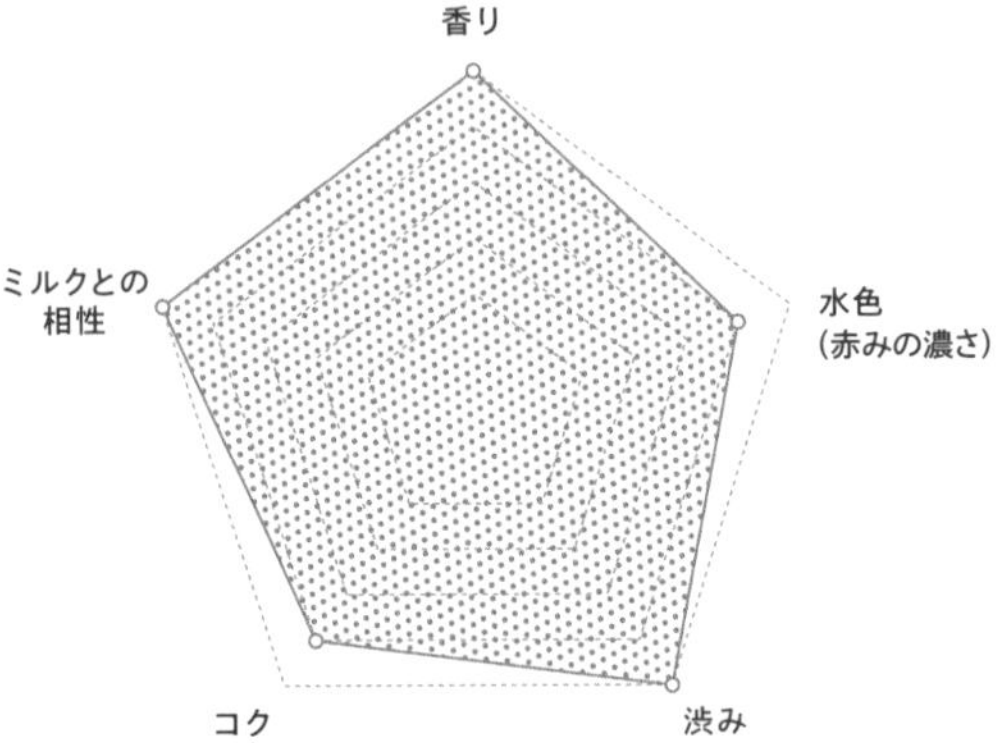

「パンジェント」と称される強い渋みとシャープな香り

ウバはスリランカの中央山脈の東側、標高1200m以上の高地が生産地のハイグロウン紅茶で、世界三大銘茶の一つです。クオリティーシーズンは乾期の7〜9月に訪れ、「パンジェント」と称される豊かでストロングな渋みと、メンソールのような香気成分であるサリチル酸メチルを多く含むウバフレーバーが特徴です。干ばつぎみの年にはビンテージイヤーとして、特徴が際立つ傾向があります。ミルクに負けない強さがあり、ミルクティーにもおすすめ。

ウバハイランズ、アイスラビなどが有名茶園で、オークションでは年間最高値をつける年も。良品はゴールデンリングが見える明るい水色です。

水色

明るい橙赤色から鮮紅色。

茶葉

オーソドックス製法のやや小さめの仕上がりのBOP・BOPFが中心につくられ、外観色は茶褐色で白色のチップを含む。

標高

1200m 以上

気温・気候

気温 20℃前後で、
一年を通して温暖な気候

クオリティーシーズン

7～9月

名門ウバハイランズ茶園。

スリランカは、今でも一芯二葉をていねいに手で摘みとる。

KANDY
キャンディ
（スリランカ）

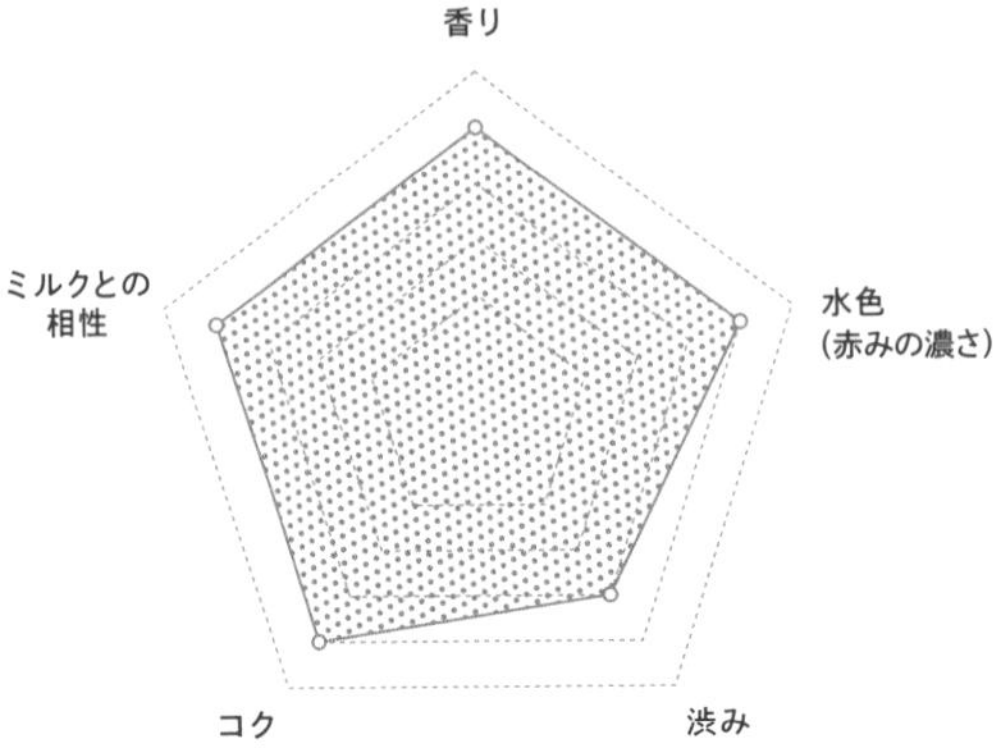

やわらかいコクと渋みがマイルドで、紅茶らしい香りのバランスがとてもよい紅茶

キャンディは、スリランカ中央山地の北側中腹部に位置し、かつてシンハラ王朝があった古都で「仏歯寺」という仏教寺院でも有名な観光都市。標高６００〜１２００ｍで中地産（ミディアムグロウン）を代表する紅茶です。やわらかなコクとしっかりした渋みが相まって力強く「ブリスク」です。

　やや甘みある香りが特徴のバランスのよい紅茶なので、単独でも飲みやすいですが、セイロンブレンドのベースにも使われます。

　ミディアムグロウン紅茶全体としては、茶園の標高によってハイグロウン的なものから、ローグロウンに近い品質のものまであります。

水色

濃い橙赤色の美しい水色。

茶葉

オーソドックス製法で、やや黒みを帯びた褐色の外観色。

標高

600 ～1200m

気温・気候

一年を通して気温が 24℃前後でカラッとした温暖な気候

クオリティーシーズン

7 ～ 9月

古都キャンディはスリランカを代表する観光地。

やや標高が高めのミディアムグロウン茶園。

RUHUNA

ルフナ
（スリランカ）

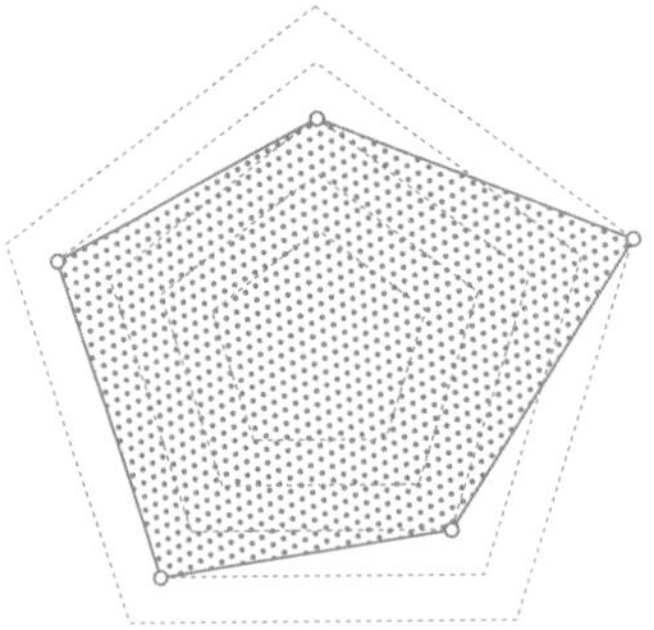

赤みが濃く甘い香りと やわらかい渋み、 濃厚なコクが特徴

セイロン島南部海岸から低地帯の標高６００ｍ以下に広がる生産地域のローグロウン紅茶を、総称して「ルフナ」と呼んでいます。

近年では、ローグロウンがスリランカの紅茶生産量全体の６割以上を占め、紅茶ビジネスにおける重要性がますます高まっています。高級品はオーソドックス製法で見た目もよいホールリーフ仕上げにしたＯＰタイプが中心につくられ、中東各国から高い人気を呼んで高値で輸出されています。

紅茶液の品質は、赤みが濃く出る水《すい》色《しょく》でやや甘い香りとやわらかい渋み、そして濃厚なコクが特徴で、ミルクティーにもよく合います。

水色

赤みが強く濃い水色。

茶葉

外観色は黒色から黒褐色の濃い色合いで、形状はきれいによじれたホールリーフタイプのOPをはじめとして、BOPやBOPFなども生産。

標高

海抜600m以下

気温・気候

日本の真夏のような
蒸し暑さで、日ざしも強い

クオリティーシーズン

2〜4月

ルンビニ茶園では高品質のオーガニック紅茶を生産する。

豊かな自然環境に中で育つ茶樹。

COLUMN 02

スリランカ紅茶の歴史と産地別特徴について

セイロン紅茶誕生の歴史をたどると、19世紀の中頃から始まっています。セイロン島にインドのアッサムで発見されたアッサム種の茶の木が最初に持ち込まれたあと、礎を築いたのは、「セイロン紅茶の父」といわれるジェームス・テイラー（1835～1892）でした。スコットランド人の彼が16歳でセイロンに来て最初に拠点として住んだのは、古都キャンディからさらに山奥に入ったルーラコンデラ・コーヒー園でした。

1845年頃に英国王室主導でのコーヒー栽培がピークを迎え、コーヒーの生産が全盛期となり、イギリス人も開拓のために盛んに移住してくる時代を迎えましたが、1860年頃よりコーヒーの木にとって恐ろしいさび病が広がり、コーヒー栽培は壊滅していきます。そんな苦労のなか、彼がそのコーヒー園で1866年から茶の育成を試み、成功に導いたのでした。

「セイロン紅茶の父」ジェイムズ・テーラー。

国名のスリランカよりも、紅茶の世界で長く使われてきた「セイロン」のほうが世界の消費国でも知名度が高く親しまれているので、紅茶にかぎって旧国名を使い「セイロン紅茶」と称することを認めています。紅茶生産は一年を通して行われますが、主産地はセイロン島南部の中央にある山岳地域の高地を中心に広がっています。標高によって品質や特徴が大きく変わってくるため、現在まで以下の三つに生産地を大別して紅茶のオークション取引を行っています。

①ハイグロウン（High Grown）
標高1200m以上の生産茶園

②ミディアムグロウン（Medium Grown）
標高600～1200mの生産茶園

③ロウグロウン（Low Grown）
標高600m以下の生産茶園

天候は、中央山岳地域周辺のミディアムグロウンより高地の標高域では、海からの湿気を運んでくるモンスーン（季節風）が吹きますが、風向きがが半年ごとに北東⇕南西に180度変わります。その結果、一年の間に中央山地の東西でそれぞれに雨をもたらすモンスーンによって、半年ごとに雨期と乾期が入れかわります。

1～3月頃には北東からのモンスーンによって西側にある紅茶産地（ディンブラほか）は乾期になる一方、東側にある紅茶産地（ウバほか）は半年後の7～9月頃に南西モンスーンによって乾期になるのです。

その乾期の終わり頃に最も日照が強く、乾いた日が続いてくるので、品質が最高になる、いわゆる「クオリティーシーズン」が訪れることになるのです。

KENYA
ケニア

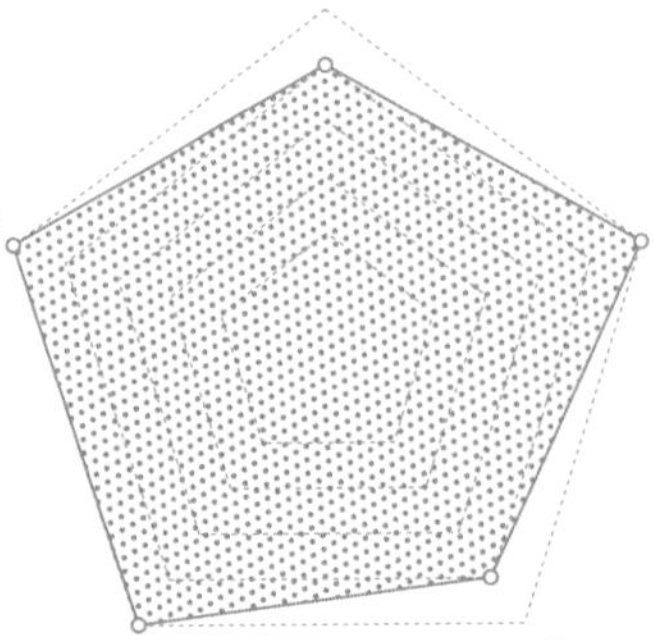

真紅の美しい水色、強いコク、香り豊かなCTC

赤道直下のアフリカ東海岸に位置し、標高は2000m前後で、強い太陽光線と、雨期乾期が2度ずつに分かれる理想的な気候で、茶畑は永遠の緑のじゅうたんと称されるほど豊かです。世界第2位の生産量、第1位の輸出量を誇り、味・香り・水色《すいしょく》の三拍子が揃った高品質なCTC紅茶です。

タンニン量が高く、濃厚で力強いコクと渋みの「ブリスク」な紅茶で、香りはフレッシュで豊か。とても明るく、美しい赤みの水色は最高です。

ティーバッグ向きブレンド用紅茶としてたいへん重要で、ミルクティーにも最適。東西の大産地では、茶園ごとに個性ある紅茶がつくられています。

水色

明るく輝くような濃い赤色。

茶葉

均一な茶褐色のCTCの形状。

標高

2000m 前後

気温・気候

赤道直下の熱帯性の気候で、
年間雨量は 1500mm 以上

クオリティーシーズン

1～2月、7～9月

ヴィクトリア湖近くの西部高原産地ケリチョーの茶畑。

ケリチョー地区にある KTDA テガット紅茶工場。

INDONESIA
インドネシア

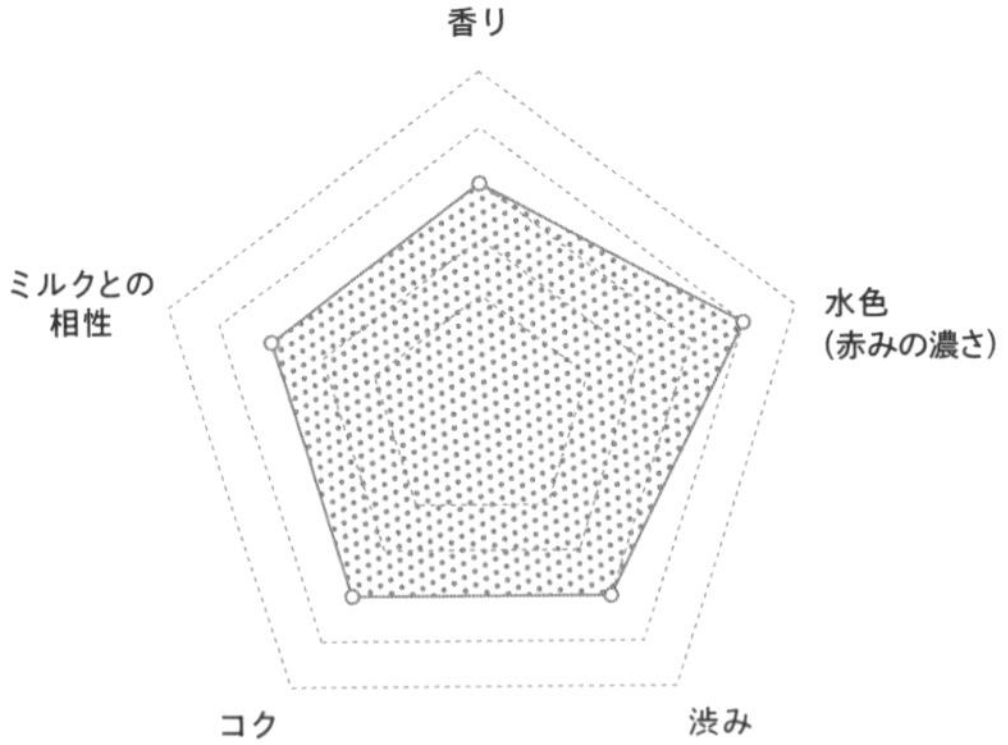

香味はマイルド、軽い香りと弱めの渋みで飲みやすい紅茶

インドネシアでは、ジャワ島とスマトラ島で紅茶の生産が行われていますが、ジャワ島が全体の約75%を占めており、国営・民営両方の優良なプランテーションがあります。

茶樹はスリランカから導入したアッサム種の系統が主に植えられています。標高でいえばハイグロウンに相当する、１０００ｍ以上の産地が中心です。

成分的にはタンニン量がやや低めで、香味はマイルド、セイロン紅茶のミディアムグロウンに似た、軽いさわやかな香りで渋みは弱め。１９８９年、どんな食事にも合うというＣＭで、大塚製薬から「ジャワティ」が発売されヒットしたこともあります。

水色

透明感がある赤褐色から暗紅色。

茶葉

オーソドックス製法が中心で、黒みある赤褐色の茶葉。

標高

2000m 前後

気温・気候

赤道直下の熱帯性の気候で、
年間雨量は 1500mm 以上

クオリティーシーズン

1～2月、7～9月

ジャワ島の茶園。茶樹の茶葉は緑に輝いている。

ジャワでは大葉種のアッサム種が主に植えられている。

キームン
産地：中国

中国安徽省祁門（キームン）県でつくられるキームン紅茶は、世界三大銘茶に数えられる銘品です。外観形状は針状に細く仕上げたホールリーフタイプ（OPタイプ）で、外観色は黒色。水色《すいしょく》は生産時期によって異なりますが、橙赤色から鮮紅色、渋みは少なく、軽くやわらかい味わいで、良品の香りは蘭の花にたとえられます。

　スモーキーな香味を有するタイプがかつては主流でしたが、近年ではナチュラルな味わいで、少量ながら4月の春茶の時期と8月に上級品が生まれているようです。三大銘茶の冠を有しながらも生産量はごく少量にかぎられており、年間500t程度です。

ラプサンスーチョン
産地：中国

中国語では正山小種と書き、福建省の武夷山《ぶいさん》が発祥の紅茶です。外観形状は、黒色のホールリーフタイプで、水色《すいしょく》は紅色、香味は甘いあと味とコクがあり、何よりも際立つ特徴は、乾燥時に松でいぶすため、独特のスモーキーな強い燻煙香（いぶり臭）があることです。

　アヘン戦争後に、イギリス市場向けに武夷岩茶の変形としてつくられたといわれており、実際にイギリス向けでは、単体での飲用よりも個性のあるオリエンタルなブレンドづくりに使われることが多い紅茶です。

ネパール

産地：ネパール

ネパールはインド・ダージリンの西に位置し、隣接するヒマラヤ山脈南部に東西に広がる国です。紅茶は山岳地域でつくられているオーソドックス製法と、低地平野部でつくられているＣＴＣ製法の２つがあります。

オーソドックス製法のものはダージリンに似た品質ですが、茶樹の品種がクローナルといわれる改良品種であるため、ダージリンにくらべて、香りはやや軽くさっぱりとした味わいです。

シッキム

産地：インド

インド・シッキム州は、西ベンガル州最北端にあるダージリンの、さらに北に隣接する元シッキム王国です。紅茶はダージリン紅茶に近い品質です。ヒマラヤ山脈により近いふもとに位置しており、気候もダージリンと同じなので、茶の生産時期もファーストフラッシュ、セカンドフラッシュ、モンスーンフラッシュ、オータムナルの４つです。

華やかでフローラルな香り、繊細でまろやかな味で、魅了される品質です。

ドアーズ・テライ

産地：インド

アッサム州の西側の隣に位置する、西ベンガル州の紅茶産地です。標高は海抜90mからの低地が中心ですが、１７５０ｍの高地まで栽培されています。年間降水量が約３５００㎜なので、アッサムに似た多雨地帯です。

ドアーズ・テライの紅茶の特徴は、アッサムに似た、明るくなめらかで、深いコクのボディー感です。そしてダージリンのような香りもあり、渋みはそれほど強くないのが特徴です。

台湾
産地：台湾

台湾紅茶は中部にある南投県魚池郡の景勝地・日月潭《にちげつたん》（湖）の地域でつくられているものが代表格です。アッサム種系の茶樹の新芽の生葉《なまは》から大きめのホールリーフタイプに仕上げ、外観は黒く、細長くよれています。香味は芳醇な甘みとコクがあり、ときにウバと同様のメチルサリチレートのすうっとする香りを感じます。

台湾が日本の領地であった1900年代初めから第二次世界大戦までの時代、三井合名会社（現・三井農林株式会社）が大規模な茶園の開拓から茶業への展開を行っていましたが、1922年、インドからアッサム種茶樹を導入し、本格的な紅茶の生産基地を立ち上げたことが発端と伝えられています。

和紅茶
産地：日本

大きめのホールリーフスタイルが多く、渋みがやわらかく、萎凋《いちょう》香がよく出た花を思わせる華やかな香り立ちのもの、発酵度が高く落ち着いた風味のものなど、個性あふれる紅茶に出会えます。各農家ごとに茶樹育成から工夫を凝らし、熱心に紅茶づくりの技術を磨き上げ、すぐれた品質の和紅茶が生み出されています。緑茶ができるほとんどの県で有名な生産者が自信作を生み出しており、海外の品評会で表彰されるほどです。

和紅茶づくりに用いられる茶樹の品種は、日本の茶産地で元々植えられている「やぶきた」をはじめ、アッサム種に由来する紅茶品種の「べにほまれ」から開発された「べにふうき」などがあります。

サバラガムワ

産地：スリランカ

ルフナと並ぶ、スリランカ・ローグロウンの代表です。国内最大の生産地区で、標高は海抜600mまでと低く、茶の栽培に適しています。南部のシンハラージャ森林保護区と北部のアダムズ・ピーク原生林にはさまれた地方で、温暖な気候で成長が早く、葉が長く大きいアッサム系茶樹が植えられています。

水色《すいしょく》は濃い赤褐色、甘いキャラメルのような香りで渋みはソフト、茶葉の形状はスタイリッシュなオーソドックス・ホールリーフをはじめブロークングレードも生産。

ウダプセラワ

産地：スリランカ

ヌワラエリアの東に隣接し、ウバの北西部に位置します。標高は1300〜1600mでハイグロウンに分類され、品質的にもヌワラエリアに近いタイプとウバに近いタイプに分かれます。茶葉の形状はオーソドックスのBOPなどブロークングレードが中心、茶葉は明るい茶褐色、水色《すいしょく》は赤褐色で赤みの濃さには幅があります。

味わいは力強く、締まった渋みが特徴。クオリティーシーズンは1〜3月（西側）と7〜9月（東側）の2回。高品質茶の香りには、ほのかな花香（ばらの香り）が。

バングラデシュ

産地：バングラデシュ

2020年には、世界第8位の生産量に伸ばしてきている国。紅茶オークションは、南部のチッタゴンにあります。インドのアッサム州・西ベンガル州の南に位置し、東はミャンマーにも隣接しています。紅茶はCTCが約90％です。

チャイを日常的に多く消費する紅茶好きの国で、生産品の大半は国内消費ですが、主な輸出先はパキスタンやアフガニスタン。品質はアッサム紅茶にくらべて渋みは少なくあっさりして、コクは少なく、ドアーズ産紅茶に似たタイプです。

オレンジペコーの言葉の起源は?

それでは、もう少し「オレンジペコー」の言葉の起源について、歴史をさかのぼって想像旅行を続けてみましょう。歴史好きの読者のかたであれば、「タイムトリップして、その始まりを見てみたい」と、近世のヨーロッパ人による東洋開拓のドラマに引き込まれつつ、歴史学者レベルの知識に近づいてゆくことでしょう。

「オレンジペコー」の言葉の起源をひもといていくと、何らかの思惑が加わってでき上がってきた言葉であるらしい、という事実にたどり着きます。英語表記で〝Orange Pekoe〟ですが、「ペコー」というのは中国語の「白毫(パイハウ)」がなまったもので、白い産毛《うぶげ》のついた茶の芽の部分を意味します。このペコーの起源には、異論はないようです。実際中国には、「白毫銀針」という高級茶があります。ある品種の茶の芽の部分からつくった、紅茶発祥の地でもある福建省で有名な茶です。

オランダでの「オレンジペコー」

一方「オレンジ」の起源は、イギリス派とオランダ派のまったく異なる二つの説に分かれているようなのです。時代は17世紀にさかのぼり、東洋から西洋へのお茶の最初の輸入者としてオランダ東インド会社が先鞭をつけ、1610年に初めて中国のお茶がオランダ、ヨーロッパに持ち込まれ、広められたとの史実があります。その時代からオランダの国の中心には現在のオランダ王室につながるオラニエ・ナッサウ家がありました。オラニエ家のオラニエ（オランダ語でOranje）はフランスの地名Oranje（オレンジ）に由来します。あくまで想像ながら、東洋から初めて持ち込まれたお茶は、たいへん貴重な逸品で、王室であるオレンジ家に献上されたであろうと考えられます。そして、この白毫茶をオレンジペコーと名づけたというのです。

あまり知られていない事実ですが、ヨーロッパにおける最初の公的な紅茶のオークションの開催は、1833年オランダのアムステルダムでした。ロンドンオークションは、1年遅れて1834年。つまり、オランダは茶のオークションにおいても西洋で覇権を争う一大勢力であったわけで、インドネシアのバタビア（現在のジャカルタ）経由で輸入された中国のお茶にオレンジペコー（国の象徴であるオレンジを冠したペコーの茶）としてオークションに出品名として使っていたのかどうかは謎ですが、可能性は否定できないでしょう。

現在もオランダを本社とする世界的な紅茶会社バンリー社（VAN REES）があり、1819年設立なので、アムステルダムオークションにも参加したであろう世界で最も古い伝統ある紅茶会社です。

英国に負けず劣らず、オランダにとっても19世紀初頭から紅茶が重要な事業であったことは事実のようです。

イギリスでの「オレンジペコー」

一方イギリスについては、17世紀半ば頃になると、イギリス東インド会社が中国からの茶の輸入を支配していき、主導権が変わります。イギリスは、ご存じのとおり『わが国こそは、地球上に紅茶を産業として生み、築き上げてきた唯一無二の国である』という自負があります。

19世紀に入ってアッサム種茶樹の発見以降、19世紀半ばから北インド、南インド、セイロンと植民地での紅茶生産開拓を勢力的にすすめたのはご承知のとおり。セイロン紅茶のなかから、発酵がよくすすんで芽の部分がきれいなオレンジ色に仕上がった紅茶ができ、これをオレンジペコーと名づけ、それ以降、茶葉のサイズを表すグレード名として使われるようになるまで、すばらしい品質の紅茶の代名詞としたのだというイギリス派の説があります。

余談ですが、ダージリンの茶葉形状に関する最上級グレードFTGFOP（Fine Tippy Golden Flowery Orange Pekoe）のなかのTippyとは、Tip（芽）が多いという意味です。最後のOPは、大きめのリーフサイズを示す本来のOPグレードを意味しています。ダージリンの場合、チップは白色系のシルバーチップ。チップすなわちペコーはオレンジ色というわけではありません。

みなさんはイギリス派？　オランダ派？

ややマニアックな世界ですが、資料をさらに調べて、証拠となる記述を探してみることは、新たな発見へのタイムトリップとなるでしょう！

紅茶を巡る旅

6

Take the ‘T’ Train

大学の研究室より、早く社会へ

大学では農芸化学科生物化学研究室に入った。そこは、旧帝国大学時代、ビタミンB_1の発見で有名な鈴木梅太郎教授が創設された由緒ある研究室で、大学院生やポスト待ちのドクターたちが忙しそうに生化学研究に没頭していた。私自身は元々その手の研究者タイプではなく、早く社会に出ようと考えていた。実は大学時代、私の関心は、寝ても覚めてもジャズ。念願のアルトサックスを家庭教師のバイトで手に入れてからは、もっぱら自宅にこもって自己流での練習に1日何時間もかけていた。近所迷惑な爆音・騒音だったに違いない。当時熱中していたのは、ジョン・コルトレーンや渡辺貞夫だった。この趣味は下手の横好きで今も続いており、年相応にスタンダードナンバーを練習しては楽しんでいる。

研究室とジャズの生活も、就職活動の結果、さまざまな偶然も重なり、入社したのは日本で歴史と伝統を誇る紅茶メーカーだった。先輩たちに恵まれ、世界中の紅茶生産国を巡り、それぞれの国で多くの紅茶人と知り合うことができた。茶畑や紅茶工場にも実際に入って、ありのままの紅茶を知り、紅茶の奥深さを体感できた。そして、紅茶飲みの国に行き、彼ら自慢の紅茶とフーズを味わうたびに、こんなおいしい楽しみ方もあったのか！と新たな発見に出会う。

〝What a Wonderful Tea World！〟

1985年、初のインド出張で南インドへ

1985年、人生で初めてインドに行った。

インドは、逆三角形のインド半島の上にもう一つの三角形を乗せたような大きな国で、首都のデリーはそのど真ん中よりやや上に位置している。紅茶の産地は南北に大きく分かれ、二つの地域に配置されている。地図でいえば、右上の端の北東インドのアッサム（アッサム州）とダージリン（西ベンガル州）、そして下に降りてインド半島の最も南端部のニルギリ地方である。

世界最大の紅茶生産国インドでは、今も英国植民地時代の面影が残るコルカタ（旧カルカッタ）から紅茶の旅は始まる。この最初のインド出張は、40年近くたった今も、当時の場面が鮮明に浮かぶほど印象深い経験の連続であった。

毎年7月前後のクオリティーシーズンに合わせて、会社の鑑定室長のティーテイスターが買い付けで訪れるインドやスリランカへ、若手社員も順番で同行できる慣わしがあった。自社製品を年間通して一定の品質でつくり続けるために、北インドではカルカッタ・オークションに上梓されるアッサムとダージリンの買い付けをティーテイスターが現地で行っていた。

日本からはタイのバンコク経由でカルカッタ空港に着陸する。入国手続きを行う薄暗い空港内では、手土産として持ち込んだスコッチウイスキーを税関職員がしつこくチェックしている。インド人係官の表情は何を言いたいのかよくわからないが、何かもったいつけている様子。免税品のたばこ1カートンを手にし、もらってもよいか？といった目つきでこちらを見るので、袖の下で1箱渡してあげる素振りをすれば、ニッコリとして検閲終了。

税関通過後に外に出れば、次から次へとインドらしい小柄で彫りの深い顔立ちの浅黒いポーターたちが、すごい勢いでスーツケースに手を伸ばしてきて、タクシーまで運ぶので任せろ！と言わんばかりの強引さで運ぼうとする。冷たい態度でNo！を連発して、速足でお迎えの車まで行くのだが、やや心が痛む。

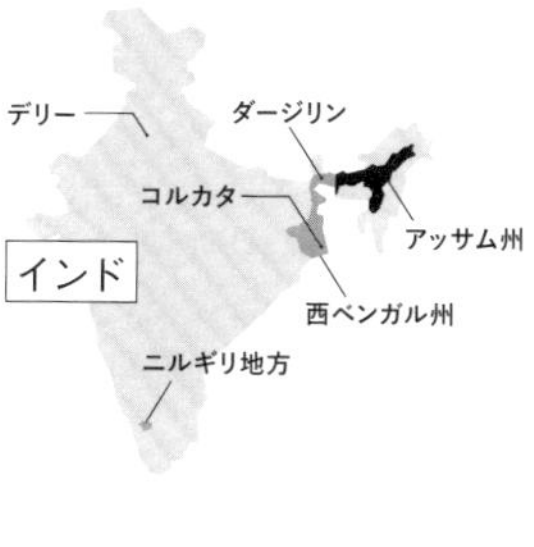

そんなとき、いわゆる白人たちは、平然と笑顔で彼らと言葉を交わしながら、小銭を仲間に見えぬよう手渡したりして自然にふるまっている。英語圏の人間はうまいなあと感心したものである。

カルカッタでの訪問先は、長年の取引先である茶商で、午前に1社、うまくアポイントが取れたなら午後にもう1社と訪問する。先にインド入りしているティーテイスターのOさんは、われわれが各社へ表敬訪問している間も、茶商のテイスティングルームで翌週や翌々週のオークションに向けたサンプルを下見し、買い付けすべきアイテムの評価とビッド（指値）の打ち合せをしている。

生まれて初めて味わうブラッディーマリー

カルカッタ滞在中のある昼前、インドのアッサムを拠点に数十の大茶園を所有し、世界最大の輸出量を誇る旧英国系プランテーション会社・マクロードラッセル社を訪問した。当時はほこりっぽいうえ水たまりも多く、人混みであふれる市内のS・シェークスピア通りに自社ビルがあり、クラシックなしつらえの応接室に入る。経営者一族の長老格で風格あるアーマッド社長、柔和な物腰で英国紳士的にも映る輸出マネジャーのダイヤル氏のふたりと名刺交換を行う。直近のインド紅茶事情について説明があるも、初の外国出張で困ったことに私の英語力では到底ついていけてない。

しばらくすると、ウッディーな趣の接待ルームでランチが準備されていた。「食前の飲みものは何にしますか」と聞かれ、初めてのことでよくわからず、「おすすめは何ですか」と図々

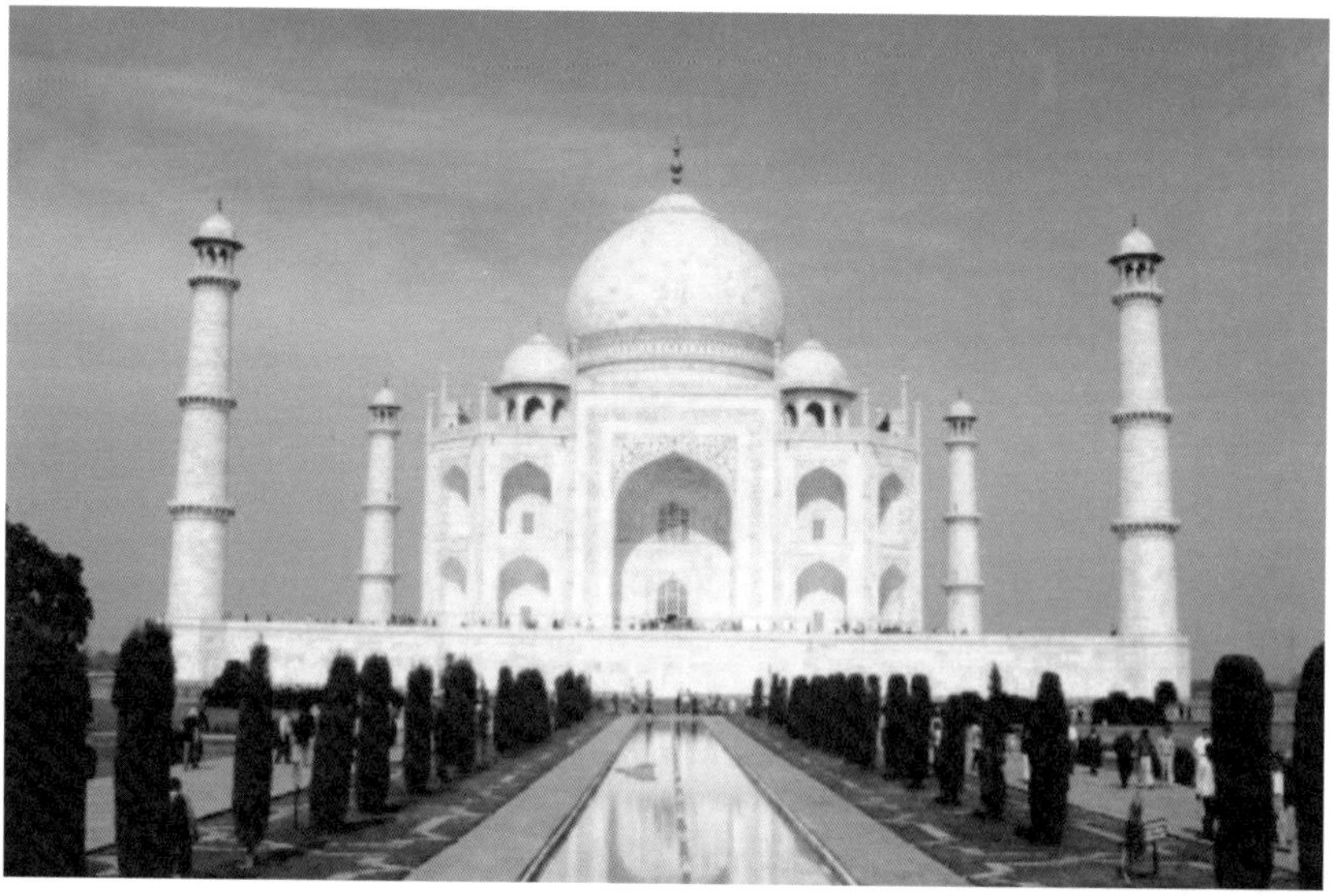
世界遺産タージ・マハルには、ニューデリーから車で。

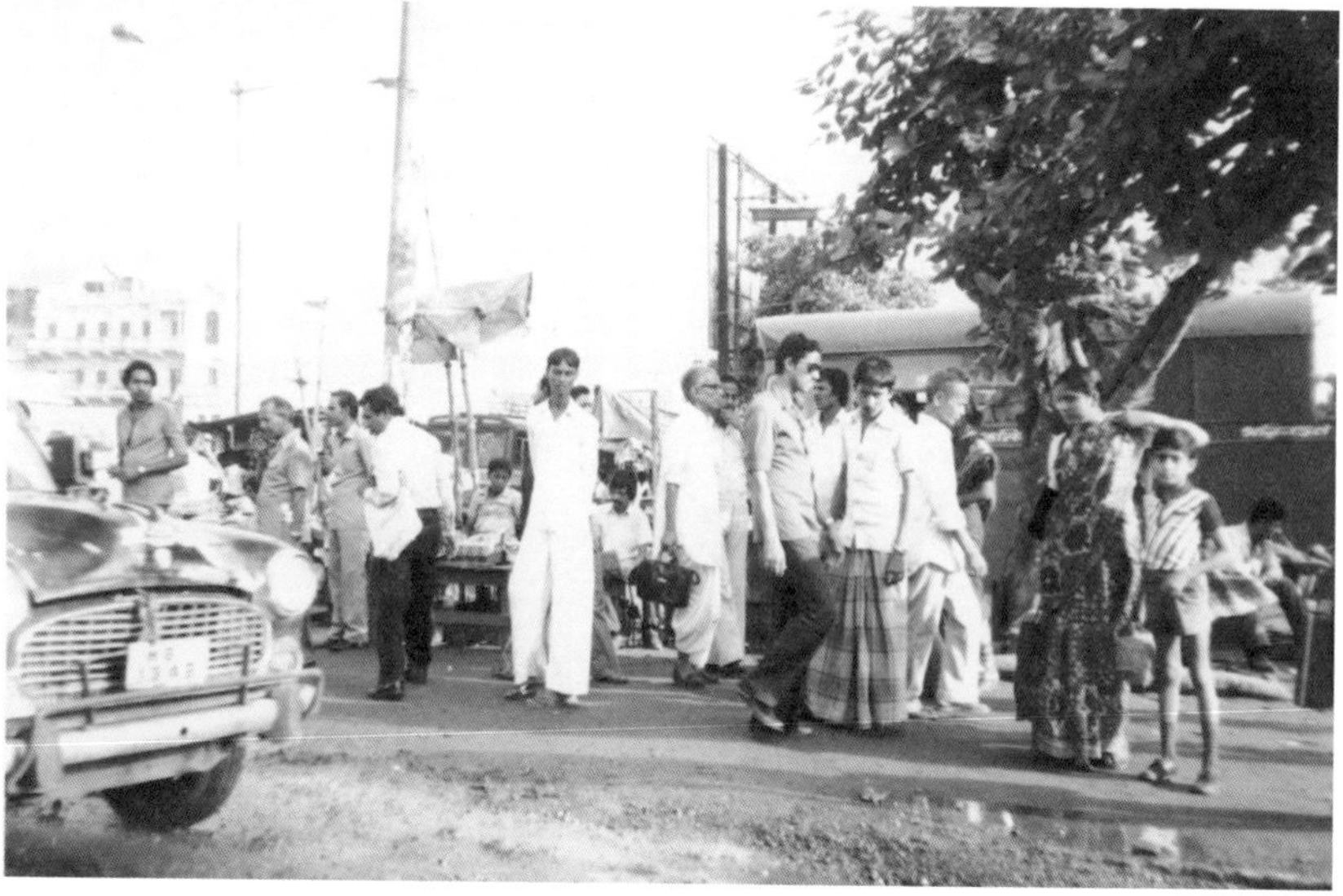
1985年頃のカルカッタ市内。

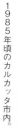

しく質問すると、「うちの腕のいいバーテンダーがつくるブラッディーマリーがおすすめですよ」と言われ、「では、それをお願いします」と答えた。そのときまで、ブラッディーマリーとはトマトジュースでつくるカクテルと知らなかったけれど、実においしい食前酒。想像とは異なるインドらしからぬ上品なコース料理が運ばれてきて、郷に入っては郷に従えと、遠慮なくおいしくいただいたことを思い出す。

ブラッディーマリーとはイングランド女王メアリー1世に因《ちな》んで名前がつけられたカクテルで、「血まみれのメアリー」という意味だそうだ。なんでもメアリー1世は王室のもめごとが泥沼化した挙句、権力を握ったあとでプロテスタントを何百人も処刑したといわれている。イギリス人の辛辣なピリ辛感を効かせた、ブラックユーモアによるネーミングに違いない。インドは英国にずいぶんとひどいことや巧みな搾取をされた植民地としての歴史があり、それは英国王室による圧力だったという皮肉があったのか。やや考えすぎかもしれない。

そうして始まった茶商訪問、そこで行う買い付けのためのテイスティングの肝となるのは、味の記憶が脳の引き出しに蓄積されるまで年季を重ねなければ到達不能な職人技だということ。たとえば、ティーバッグ向けアッサム紅茶の買い付けであれば、例年の同時期の品質を記憶したうえで、その年の茶葉の外観形状、水色《すいしょく》（紅茶液色のよい赤さと濃さがとても大事）、香味が条件に合うかどうかをテイスティングで調べる。そしてブレンドしたうえで製品化できるよう目標品質を組み立てるための原料紅茶の組み合わせを頭のなかで描く。そのうえで必要数量が異なるブレンド用のロットをオークションで買い付け、たとえば１ｔずつ積み上げていくことによって、ようやく原料紅茶の確保ができる。

そのなかでも、セカンドフラッシュの時期にしか買えない品質の茶葉は、翌年の紅茶製品の生産時期までに必要な数量を1年分押さえておかなければならない。ダージリンもしかり。当時は、最近ではあたりまえのシングルエステート（一つの茶園だけ）でのビジネスは行っておらず、すべては自社ブランド向けのブレンド用原料紅茶であった。

ティーブローカーやシッパー（茶商）の数百というテイスティングカップが並ぶ巨大なテイスティングルームを見せてもらって、テイスティングの真似事をする。「あなたのご意見は？」と聞かれ、回答は……。

インド紳士たち、特に紅茶の世界の紳士たちは、決してお客をいやな気持にはさせないかたばかりです。


夕方までいったんホテルで休憩して、夜は歓迎パーティー、といった日が続く。

そんな長丁場の商談の合間に、ゴルフ好きティーテイスターには、さすが英国領であった土地柄で、アジアで最も歴史があるロイヤルカルカッタという名門ゴルフコースでのリラックスタイムもときおり組み込まれているのが通例。駐在の商社のかたがたにとっても、インド・カルカッタはハードシップ、すなわち日常生活に対する難易度の高さゆえに、ゴルフでも楽しむ余裕がなければ、3年間の駐在期間をまっとうできない危険もあろう。

カルカッタのメインターミナル・ハウラー駅から、ダージリンのふもとにあるニュージャルパイグリ駅まで、夜行寝台列車の初体験。ゆっくりとひと晩かけて到着。

ダージリン・ヒマラヤ鉄道は山岳地帯を抜けていく。

欧州系でインド紅茶輸出の大手茶商のテイスティングルーム（1985年）。

南インドの「ティーアロマ」にびっくり

カルカッタで紅茶ビジネスに関わるインドの紳士やレディーたちに会って、紅茶の世界にいることの高きプライドとその余裕あるお人柄を見聞したら、次は南インドの玄関口・チェンナイ（旧マドラス）を経由して、ハイグロウン紅茶産地ニルギリにアプローチできるコインバトール空港へ飛ぶ。

いよいよ永遠に続くような広大なティープランテーションの茶畑とクラシックなティーファクトリー製茶工場に入っていこう。

ニルギリで初めて紅茶の工場に入ってみたら、そこはまるで香りのワンダフルワールド！なんだ、この香りは？　お茶ではないぞ。りんごをしぼっているのかもしれない。いやインドだから、マンゴーだろうか？　その香りは、ニルギリの工場だけではなく、スリランカのハイグロウン・ヌワラエリアにウバ、ディンブラ、インドのダージリン、ケニアのケリチョー、そしてアッサムと、どのティーファクトリーに行っても漂うもので、それはまるで青りんごのような香りが充満していたのだった！　紅茶工場を訪れた人だけが知っているその香りを、「ティーアロマ」と現地の人は名づけていた。

南インドのインスタントティー工場では、揮発して立ち上ってくるその香りを回収して濃縮し、ひそかに貯蔵していた。門外不出の香り。そのティーアロマそのものを手に入れられる可能性が出てきた。値段は紅茶の副産物としてはたいへん高いが、希釈倍率もふつうの香料より桁違いに高いことがわかった。ピュアなインスタントティーを数百トンもつくる大工場で、1年かかっても数キロできるかどうかという秘密のアロマの話は、このへんにしておこう。

待望の紅茶の国スリランカへ

日本人にとって紅茶といえば、昔からセイロン紅茶だ。

私の60年以上前の子どもの頃の記憶では、母が電気ポットにセイロン紅茶（多分大きめの茶葉）を入れて沸かし、茶こしでカップに注いでくれた様子が脳裏に残っている。角砂糖を加えた甘い紅茶が舌の上で熱くて、やけどしそうだったこともなぜか鮮明に覚えている。

昭和30年代といえば、リプトン、日東紅茶だけではなく、ヒノマル、森永、明治などいろいろな国内銘柄の紅茶があった。

その頃に覚えた紅茶の味は、日本じゅうに浸透して、昔の日本人にとっての潜在的な紅茶イメージにつながっているのかもしれない。そんなノスタルジーを思い起こさせてくれるのは、当時から紅茶の原産国として日本の家庭にいちばん浸透していた、まぎれもなくセイロン紅茶だった。現在のスリランカ産紅茶を飲んで感じる洗練された味わいとは少し違う、熟成されたメローな渋みの印象。

ティーバッグ用の原料として用途が高まったためスピード抽出がいっそう求められるようになり、国際取引においてライバル国であるケニアなど他国との品質競争が起きている。時代とともにポットでの抽出時間を短縮することが求められ、茶葉をこまかくカットするブロークン製法中心に変化してきたことに起因していると考えられる。

茶葉の切断を徹底したために、じっくりと時間をかけて発酵をすすめて止める、かつてのオーソドックス製法のプロセスが行われなくなってきているのだろう。以前のようなレトロなセイロン紅茶に再会できることを、私は密かに期待している。

スリランカ・コロンボのヒルトンホテルからの眺め（2001年）。

キャンディからコロンボへの帰り道、ピンナワラの象の孤児院に。

台北で台湾烏龍茶のすばらしさを再認識。

中国福建省安渓の烏龍茶国営茶工場（1990年代）。

台湾紅茶について思うこと

だれかから教わるともなく、香檳〈シャンピン〉烏龍茶を飲んだときに、これってダージリンではないのかな?と感じたことを思い出す。

台湾のお茶といえば、フォルモサウーロンとも呼ばれる台湾烏龍茶をまず思い浮かべるが、発酵度が低いタイプでは淡い萌黄《もえぎ》色の水色《すいしょく》で香りがすばらしい花香もある文山包種茶、凍頂烏龍茶が有名。

また、対照的に発酵度が高く、紅茶に近い東方美人茶（英名：オリエンタルビューティー、赤烏龍茶や香檳〈シャンピン〉烏龍茶ともいう）は赤みが強い水色《すいしょく》で、やわらかなコクと渋みがあると同時に、不思議なことにインドのセカンドフラッシュのマスカテルダージリン（紅茶）に非常に近い甘い香りがする。この香りは業界では「ウンカ芽臭」とも呼ばれ、「中国種系の茶樹の新芽をウンカ（チャノミドリヒメヨコバイ。ダージリンではグリーンフライ）が食害したときに生成される香気成分である」と京都大学の坂田教授らが、その香気物質について長年の謎と秘密を解明した。お茶の香りの世界で指折りの研究成果（２００４年）ともいえる本当の科学的証明の一つといえよう。

イギリスでおいしいのは紅茶、それともビール？

最初のイギリス訪問は、１９９４年、日本紅茶協会主催の英国茶業研修だった。英国ティーカウンシル（英国紅茶協会）の協力で実現した研修旅行で、当時より英国紅茶文化の造詣が深く著作も多い荒木安正氏の案内による紅茶の名所選りすぐりのツアー。インドやスリランカ、中国など紅茶原産国中心の出張とはまったく趣が異なり、焼き菓子やスイーツを詰め込んではティーを腹に流し込む、英国流を体で体験する約10日間。

ロンドンから北方のヨークシャーまでイングランドを周遊し、ティーカウンシルから表彰されたトップティープレイスの人気ティールームでティーとフーズやランチ、ホテルのティー、ストーク・オン・トレントの伝統ある陶磁器メーカーの視察見学。参加された多くのティーインストラクターの女性たちは博学ぞろいで、私のまったく知らないこの分野の情報知識は教えていただくことばかりだった。アフタヌーンティー発祥の場所ともいわれるベッドフォード公爵邸など、紅茶にちなんだ歴史的名所でのティー体験、もちろん道中では、シェークスピアの生誕地であるストラトフォード・アポン・エイボンやオクスフォードなどの観光地巡りもあった。そして英国の紅茶著名人の講義、ロンドンでのティーやフーズのマーケティング調査（といえば聞こえはいいが、要するにおみやげショッピング）は大人気。とはいえ、何事も「百聞は一見にしかず」。1回行けば、《なぜミルクティーをがぶがぶと何杯も流し込んでは、スコーンのようなパサッとした焼き菓子をクリームとジャムで好んで食べる》のかについて、体が慣らされ、わかった気になってくる。

私にとっては、その町、その土地ごとのパブ巡りやフィッシュ・アンド・チップスの屋台に引き寄せられたことを思い出す。

その後、ロンドンへは数多く訪れることになった。紅茶市場調査や実際の英国系紅茶企業との取引などの大義名分もあり、イギリス・ロンドンへの出張は想定以上に頻度を増していく。

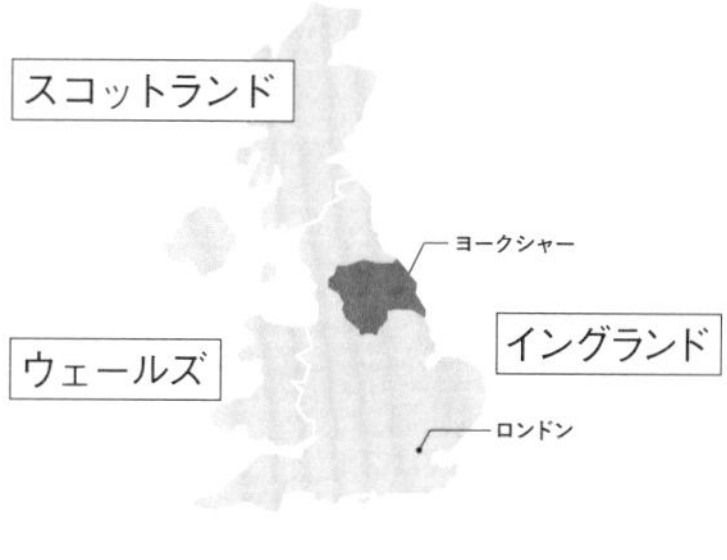

アフラヌーンティーのフィニッシュはパティシエ自信のスイーツをいくつでも！
ロンドンのドーチェスターホテルにて（１９９７年）。

アフリカ出張の経由地やドイツの取引先とのミーティングのついでに寄るロンドン訪問ならＯＫ、と勝手に解釈して出張許可を出してもらった。

ロンドン市内の一流食品専門店フォートナム＆メイスンや百貨店のハロッズ、セルフリッジス、リバティー、そして日本と同様にイギリス人の生活にもなくてはならない大手スーパーマーケットチェーンのテスコ、セインズベリーズ、マークス＆スペンサー、ウェイトローズの視察といいつつ、手みやげ買い込みのチャンス。まるで観光客のおみやげショッピングと同じ行き先だが、これも仕事として、その紅茶売り場から日本市場にとり入れるマーケティング情報の収集報告ができる。

スコットランドのグラスゴーで考えたこと

そんななかでも、10年以上も前の、ただ一度だけのスコットランド・グラスゴーへの出張は大きな縁を感じた。グラスゴーには、近年まで世界的な大紅茶会社ジェームズ・フィンレーの本社が所在していた。スコットランドといえば、酒飲みの自分としては、最初に思い浮かぶのがスコッチウイスキーの有名な銘柄と蒸留所だが、ゴルフ好きなら格調高い全英オープンの開催地セントアンドリュースなるゴルフの聖地があることも知らない人はいないだろう。

そんな事柄以上に、実はスコットランドは紅茶の歴史に残るエポックメーキングな出来事に命を懸けて関わり、功績を残した人物を多数輩出した土地柄である。インド茶業ならびにアッサム紅茶の父といわれるブルース兄弟、セイロン紅茶生みの親ともいわれるジェームス・テイラー、「紅茶スパイ」で有名なプラントハンターのロバート・フォーチュン、そして「ティー

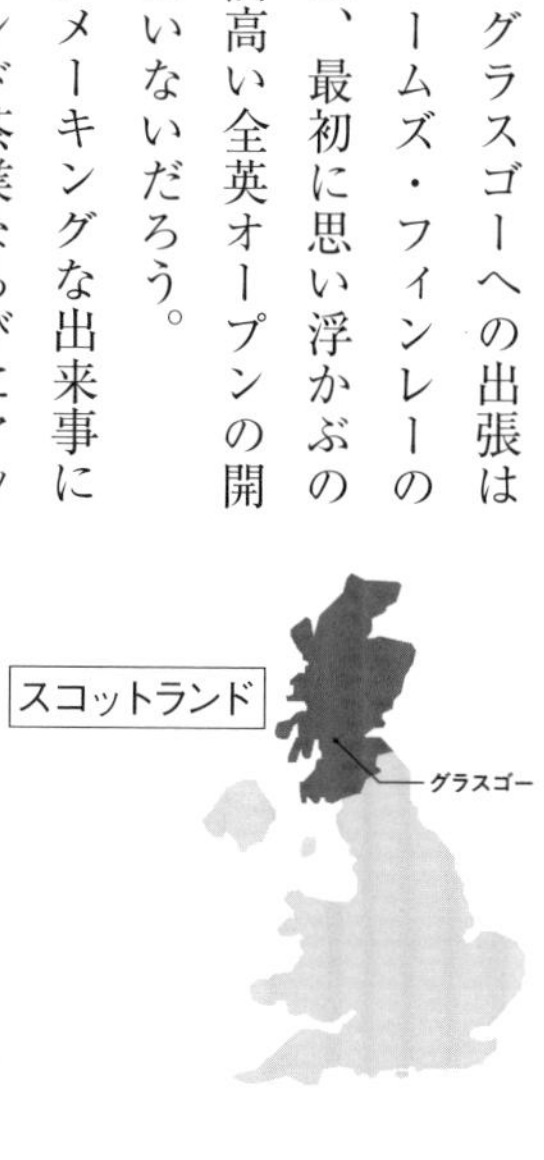

ガーデンからティーポットへ」の合言葉で紅茶をだれにでも手の届く人気の飲みものにしたサー・トーマス・リプトンはグラスゴーの出身で、彼らはみんなスコットランド生まれだった。どんなところなのか。なぜ、紅茶発展の歴史にその名を刻む人物を多数輩出したのか。ぜひ、見聞しておきたいと思った。

グラスゴーは今もスコットランド最大の経済都市で、18世紀からの産業革命時は綿工業で栄えたが、その時代に重なり、紅茶の飲用が急増して大いに盛んになる。王室お膝元のイングランドが権力を握り、政治と経済を押さえてきた一方で、後塵を拝してきた北方に生きるスコットランド人にも、東インド会社を通じてイングランド人と同様に海外市場に向けての航海ができるようになった。1707年に発効した合同法により、スコットランドとイングランドの合同が成立し、グレートブリテン王国になったのである。その流れに乗って19世紀以降、インドの茶産業開拓に向け、カルカッタを拠点としたインド・ベンガル地方にスコットランド人が押し寄せ、まるで出稼ぎのように移民として移り住んでいったのだ。イギリス南部の陽気でユーモア好きなイングランド人に対して、スコットランド人はがまん強く、倹約家であるうえ、真面目で堅実といわれる。インド茶産地開拓といった辛抱強さが求められるミッションに適性があったため、のちに大活躍した人材が多数登場したことと因果関係がありそうだ。

新大陸のアメリカ・カナダ、オセアニアのオーストラリア・ニュージーランドなどでは、イギリスからの移民たちが子孫を繁栄させ、定住していったことと比較すると、アジア・アフリカに赴いた英国移民たちは、最終的に植民地での子孫繁栄は起きることなく、再び母国に帰る結末となることが多かった。これは紅茶産地の植民地が国として独立を果たし、紅茶企業の多くが現地化してきた結果の流れ、そのものと考えられる。

グラスゴーへの出張で泊まったホテルでは、朝食の際、スコティッシュブレックファストをいただいたのだが、イングリッシュブレックファストと違うのは名前だけで、まったく同じ料理(卵、ベーコン、グリルしたトマト、トースト、チーズ、いちごジャム、マーマレードなど)に、ポットにティーバッグが入った紅茶とミルク。

でも、前述のとおり、スコットランド人のホテルマンには「決してイングリッシュブレックファストではないですよ」というプライドがあった。

紅茶とJAZZでトリップ

その昔、ジャズ喫茶に行けばコーヒーをちびりちびりと飲んでいたものだが、紅茶好きになった今、ノスタルジックでメローなセイロン紅茶が手に入ったなら、話は変わる。

レトロな薄手の広口ティーカップはもう家にはなく、最も年季の入ったマグに、やけどしないギリギリの70℃くらいで注いで味わいつつ、BGMとして1950年代のパーカー(チャーリー・パーカー)による「コンファメーション」やサッチモ(ルイ・アームストロング)やディジー・ガレスピーのトランペットによる「サニーサイド・オブ・ザ・ストリート」などの懐かしいジャズでも流してまぶたを閉じれば、癒やしのタイムトリップができそうな気がする。

熱い、いや温かい紅茶が最高においしく感じる飲み方の秘訣は、ご存じスイーツとのマッチング。秋がだんだんと深まり、空気がカラッとひんやり感じるようになる晴れた休日、重い腰を上げて部屋の片づけでひと汗かいたが、ビールを飲むにはまだ早い午後3時頃、今度はスタンダードの歌ものでナット・キング・コールの「枯葉(Autumn Leaves)」をYouTubeで聴

ロンドン市内コベントガーデン付近（1994年）。

人気の紅茶専門店があるヨークシャーへ（1994年）。

ロンドンのホテルでは、ティーバッグは大きなポットで（２００６年）。

ダブリンで人気のシェルボーンホテルのティーラウンジ（２００８年）。

きながら、濃いめに入れたアッサムやセイロンの熱い紅茶に、たっぷりの新鮮な牛乳を加えたシンプルなミルクティーをいれよう。

シナモン風味のビスケット、あんこの和菓子でも紅茶といっしょに口のなかでとけていけば、しばしの安堵に耽《ふけ》り、思考が停止。でも、しばらくすると体のなかから不思議と元気が湧いてくる。やっぱり熱い紅茶はおいしい！となる、すばらしき紅茶の世界かな。

紅茶を巡る旅はこれからものんびりと

インドのカルカッタから始まり、イングランドやスコットランドまで、45年にわたり巡ってきた世界中の紅茶の本場の雰囲気を思い出しながらこのエッセーを書いた。

インドはなんといっても、今や世界最大の紅茶生産国。イギリス人によって始められた紅茶産業が、今、主役はインド出身のティーマンに完全に置きかわり、紅茶ビジネスを掌握している。プライドは高いが、とてもやさしい人たちだ。そしていつの間にか、私は紅茶の仕事を通じてたくさんのインド人の友人ができていた。ダージリン、アッサム、ニルギリというすばらしい紅茶を味わいながら、インド紅茶に関するさまざまな勉強をさせてもらい、インド独特の情景を目に焼きつけ、行く先々でワクワクする体験もさせてもらった。

スリランカには日本人の紅茶好きや紅茶ファンにとって、長年一番人気を誇るスリランカ紅茶、セイロンティーがある。日本人が好んだ味は、現在では少数派となったハイグロウン（ウバやディンブラ）やミディアムグロウンで、日本人ならだれもがおいしいと感じるくらい体にしみ込んでいるすばらしい紅茶だ。ただ、現在生産量のおよそ65％を占めているのは、ルフナに代表されるローグロウン紅茶。繊細な香味でパンジェント（91ページ参照）なハイグロウン紅茶は、少しばかり肩身の狭い状況が続くようだ。ノスタルジックな、昔風のメローな渋みのセイロンティーは、幻だったかのようにスリランカの現地にはほとんどなく、むしろ日本の和紅茶から同じ味わいを見つけられそうだと最近感じている。

ケニアやアフリカの国々の紅茶は、赤道直下の大高原から生み出される。味、香り、水色の三拍子がそろった魅力にはまだまだ伸びしろがあり、その勢いは続いていくだろう。紅茶ファンのみなさんには、ぜひアフリカの大自然をイメージしながら味わっていただきたい。

これまで世界中の紅茶の仲間たちと楽しい時間をともに過ごしながら、紅茶を巡る旅を重ねてきたけれど、近いうちに行ってみたいところや、再び訪れてみたい場所も浮かんできた。紅茶を味わうたびに、さまざまな記憶が頭を駆け巡っていく。

機会があれば、また現地に足を運び、旧交を温めたい。これからもずっと、朝と午後にはおいしい紅茶をいれて飲もう。そして、次のおいしい紅茶の旅に思いを馳《は》せよう。

紅茶にふさわしいくつろげる音楽、たとえば、アントニオ・カルロス・ジョビンの「ウェーブ」なんかを聴きながら。

TEA TASTING NOTE

テイスティングノートをつけて、もっと紅茶と仲よくなろう

〝テイスティング〟って?

紅茶をいれて、見て、味わって、品質を審査することが、ティーテイスティングです。もっとおいしい紅茶を楽しみたいときや、品質のよい紅茶かどうかを正確に自分で判断したいときにもティーテイスティングをおすすめします。正しく紅茶をいれたら以下の手順で行いましょう。

①【視覚】目で見て茶葉の外観・形状と紅茶液の水色《すいしょく》を確認。

②【嗅覚《きゅうかく》】鼻で香りをかぐ。

③【味覚】スプーンで紅茶液を口に入れ転がすように舌で味わってじっくりと香味を調べ、特徴を記録。

茶葉の外観・水色・香り・味わいについてチェックポイントをテイスティングノートにあげました。プロのティーテイスターになったつもりで、テイスティングにレッツトライ!

プロのティーテイスターのテイスティングは……

紅茶用のテイスティングカップ(国際規格 ISO-3103)に3gの茶葉を入れ、沸かしたての熱湯150mℓを注ぎ、蓋をして6分間抽出する。蓋をつけたままテイスティングカップを横にしてボウルにのせ、茶液を出し切る。蓋をつけたままカップをひっくり返して、茶殻を蓋の上にのせ、カップの上に置く。スプーンで茶液をすくい、ズズッと空気とともに一気に吸い込む。舌と口のなか全体で味を確かめ、鼻から抜ける香りを確かめる。

date / /

ブランド

銘柄

産地・茶園

価格

¥ / g

茶葉の大きさ（グレード）

オーソドックス： OP (7~11 ㎜) BOP (2~3 ㎜) BOPF (1~2 ㎜) DUST (0.5~1㎜) ほか（混合など）

CTC： BP（大きめの粒：径2㎜位） PF（小さめの粒：径1㎜位） PD（径0.5㎜以下） ほか（混合など）

いれ方 リーフポット TBマグ TBポット オンザロックス 水出し 煮出し

飲み方 ストレート（ホット・アイス） ミルクティー（ホット・アイス） レモン その他（ ）

水色

赤みの評価： 1 2 3 4 5

Yellow 黄色 — Orange オレンジ色 — Red 赤色 — Dark Red 暗い赤色

明るさの評価： 1 2 3 4 5

Golden 明るく黄金色 — Bright 明るい — Dull 暗い

香り

- □ Flavour, Flavoury・・・・香り豊かな良品である
- □ Flowery Aroma ・・・・・・花香：ばら・ジャスミン・らんなど
- □ Fruit Aroma ・・・・・・・・・果実香：ピーチ、ベリー系、柑橘・レモン系、りんご、ぶどうなど
- □ Character の有無 ・・・・ダージリン：Muscatel、アッサム：Malty、ウバ：ウバフレーバーなど
- □ Woody ・・・・・・・・・・・・・・いろいろなハイグロウン茶等で出る傾向あり、ダージリン、ニルギリなど
- □ Greenish ・・・・・・・・・・・・青い香り。ダージリン 1st にもある。CTC では良い評価ではないが、Green の傾向が強い
- □ Smoky・・・・・・・・・・・・・・・煙臭
- □ Mellow ・・・・・・・・・・・・・・発酵が良好に、熟成されたまろやかさ、マイルドな感じ
- □ その他 ・・・・・・・・・・・・・・・ロースト、スパイス、ミントなど
- □ 異臭はないか

味

- □ コク味 ・・・・・・・・・・・・・・・Body。用語としては、Thick、Rich など。総合的に優れている場合 Brisk
- □ 渋み ・・・・・・・・・・・・・・・・・最高評価は Pungent。鋭い渋みは Astringent、コクと渋みの良いマッチングは Brisk
- □ 苦み ・・・・・・・・・・・・・・・・・好ましい苦みは Astringent。好ましくない苦みは Bitterness
- □ 甘み ・・・・・・・・・・・・・・・・・Sweety。香味のある甘みは Malty
- □ Mellow ・・・・・・・・・・・・・・発酵が良好に、熟成されたまろやかさ、マイルドな感じ
- □ Smoky、fired ・・・・・・・・強い乾燥香、火香
- □ Woody ・・・・・・・・・・・・・・木質系
- □ Old・・・・・・・・・・・・・・・・・・年数が経って古くなった味
- □ その他
- □ 異味はないか

メモ

好みの評価 ／5点

紅茶の世界で、古くて新しい謎。それは「オレンジペコー」（あとがきにかえて）

私にとって、紅茶にまつわる大きな〝謎〟のひとつは、オレンジペコーの本当の起源は何か？ということ。それを調べる過程で、紅茶における大作『Tea Dictionary』の著者で紅茶界のオーソリティーJames Norwood Pratt（ジェームズ・ノーウッド・プラット）氏に、面識もないのにメールで問い合わせをした。

2022年11月20日、私からノーウッド氏への質問の主旨は以下のとおり。

「質問は、Orange Pekoe の言葉の起源についてです。
あなたの著作の『Tea Dictionary』では、
ヨーロッパに最初にお茶を輸入し広めたオランダの王室にちなんで
Orange という冠を Pekoe につけたと記されていることを知りました。
一方日本では、Orange Pekoe は紅茶のグレード名ではありますが、
起源は、1800年代にイギリスが当時の植民地セイロンでつくった紅茶において
オレンジ色の Pekoe があり、高品質であったという説が主流です。

私は自分の著書にオランダ派とイギリス派があることを記述しようと考えております。

あなたのご意見をお聞かせくだされば、たいへんにうれしく思います」

ヨーロッパの国々のなかで、オランダがイギリスよりも早くから茶の栽培や紅茶の製造にとり組んだことは、まぎれもない事実。そして、オランダ王室の影響が大きかった。

ノーウッド氏の著作『Tea Dictionary』は、2010年のAward受賞（2010 World Tea expo／最高新作出版賞）。現在はサンフランシスコにお住まいだが、高齢によって目が不自由になり、新たに書籍からの調査はむずかしいが、著作のなかで書いたOrangeがオランダ王室のオラニエ家にちなむことは、自分の考えるところである、という返答があった。

「しかしこれらの真実についてはPuzzleつまり謎です。ぜひあなたが、さらなる調査をされることを期待します。この著書を買いたいというご希望があれば、住所をメールしてくれれば、直接お送りしましょう」

ノーウッドさんは現在、おそらく80代にはなられている。私をコリーグ（Colleague）すなわち同僚・仲間とみなしてくれて、とてもていねいな返答をいただいた。約1カ月後、待望の書籍が自宅に届けられた。

無事到着のメールをした翌12月24日クリスマスイブの朝、ノーウッド氏からの返信があった。

「親愛なるサトシ。
辞書がようやくお手元に届き、ほっとするとともにうれしく思っています。
もちろん、J.I.L.L. ヤコブセンの項目が示すように、
オランダがヨーロッパの国の中で
最初に紅茶の事業化に成功したという点については、
不完全なものではありません。
……あなたのようなお茶の分野で苦労している仲間、
尊敬する同僚とつながることができたことは名誉なことです。
メリークリスマス

敬具」

このメールで知った、新事実！　なんとロバート・フォーチュンの前に、すでにオランダ人のお茶調査特攻隊長ともいえる人物がいたのだ。中国に何度も入り込み、調査を実行、1829年に茶の種や苗をオランダ領のインドネシア・パタヴィア（ジャワ）に持ち出し、栽培試験に成功して1830年に茶工場までつくっていたことを知った。その人の名は、J.I.L.L. ヤコブセン（J.I.L.L. Jacobsen）。陰の功労者、オランダを忘れてはいけないのだ。

つい20世紀末までは、イギリスの大勝利の印象だが、21世紀にはインドやケニアといった紅茶の大供給国が最大の力を握りつつある。今や世界の紅茶主導権は、アジア、アフリカへ回帰しているともいえよう。過去の栄光を残しつつも、時代はどんどん変貌しながら、紅茶は変わらぬおいしさで人々に癒やしを与えて、みんなを幸せにし続ける。

ノーウッド氏と同じように、紅茶の本の著作に関わる世界に、今私がいることにこの上ない幸せを感じている。

まだまだ足元にも及びませんが、あなたの著作を読み解きながら、学び続けます。

What a Wonderful Tea World!

田中 哲

JNP Tea Dictionary

アメリカの紅茶著述家
ジェームス・ノーウッド・プラット（JNP）氏サイン入り
With great respect to
Satoshi Tanaka from his US colleague/
James Norwood Pratt 2022
San Francisco

参考文献・参考資料

▼1 荒木安正・松田昌夫著『紅茶の事典』柴田書店／サラ・ローズ著、築地誠子訳『紅茶スパイ』原書房

▼2 全国地紅茶サミット世話人会　藤原一輝監修「ニッポンの地紅茶《完全ガイド》」枻出版社

▼3 衛藤英男・伊勢村護・冨田勲・原征彦・山本（前田）万里・横越英彦・榛村純一編『新版　茶の機能』農山漁村文化協会（農文協）／角田隆巳著『お茶で手に入れる最高の健康』ポプラ社

▼4 村松敬一郎他著『茶の機能　生体機能の新たな可能性』学会出版センター／衛藤英男・伊勢村護・冨田勲・原征彦・山本（前田）万里・横越英彦・榛村純一編『新版　茶の機能』農山漁村文化協会（農文協）／中林敏郎他著『緑茶・紅茶・烏龍茶の化学と機能』弘学出版

▼5 Yoshino, Kyoji and Hara, Yukihiko "Antioxidative Effects of Black Tea Theaflavins and Thearubigin on Lipid Peroxidation of Rat Liver Homogenates Induced by tert-Butyl Hydroperoxide" *Biol.Pharm.Bull.* 17(1) (1994)

▼6 岩田雅史・戸田眞佐子・中山幹男他著「紅茶エキスののうがいによるインフルエンザ予防効果」「感染症学雑誌」第71巻第6号（1997）一般社団法人日本感染症学会

▼7 日本紅茶協会ホームページ「紅茶と健康　紅茶 Labo.」

▼8 原征彦・石上正著「日本食品工業学会誌」Vol.36、No.12（1989）「茶ポリフェノール類の食中毒細菌に対する抗菌活性」社団法人日本食品科学工学会

▼9 石上正・原征彦著「日本食品工業学会誌」Vol.38、No.16、（1995）「茶カテキン類の虫歯（う蝕）予防効果」社団法人日本食品科学工学会

▼10 UK Tea & Infusions Association HP「Tea Advisory Panel」／Tea and flavonoid intake predict osteoporotic fracture risk in elderly Australian women: a prospective study. *The American Journal of Clinical Nutrition*, Volume 102, Issue 4, October 2015, Page 958-965

▼11 中島春紫著『発酵の科学』講談社ブルーバックス／『茶の科学用語辞典（第3版）』日本茶業学会

デザイン	佐々木 信、石田 愛実（3KG）
撮影	田中 哲 ［海外の写真］
	松木 潤（主婦の友社）
スタイリング	佐々木 智子（cholon、Tea Time）
イラスト	石田 愛実（3KG）
編集	伊藤 葉子（Tea Time 編集長）
	田口 みきこ（Tea Time）
	戸田 枝理香（Tea Time）
編集担当	東明 高史（主婦の友社）

Special Thanks

高嶋裕之（写真提供：p.3上、p.132 step5、p.167）、

登内篤哉（写真提供：p.132 step3下、p.153、p.169）、

佐々木紡、三浦宣安、駐日インド大使館、白石佳菜江、紅茶の専門商社デコラージュ

Tea Time

『Tea Time』は、いつもの紅茶の時間から本場英国のティータイムまで「おいしい紅茶のある暮らし」をコンセプトにした紅茶専門誌です。2017年11月1日「紅茶の日」に創刊し、現在では年2回（5月1日、11月1日）刊行しています。2021年4月より日本紅茶協会の賛助会員となりました。

「もっと楽しい、おいしい紅茶のある生活」をテーマにSNSやイベントなどでも、紅茶にまつわるさまざまなご提案をしています。

HP　Instagram

田中 哲

Satoshi Tanaka

1978年東京大学農学部農芸化学科を卒業後、三井農林株式会社に入社。紅茶や飲料の研究開発、原料購買、海外生産地訪問交渉、飲料事業など幅広い業務に携わり、2012年執行役員に就任。2017年日本紅茶協会常務理事に、2022年より名誉顧問に就任する。趣味はサックス演奏、昆虫から犬までの生物全般の飼育、園芸、ドライブ、旅行、紅茶、グルメ。著書に『紅茶列車で行こう！』（幻冬舎）がある。

もっとおいしい紅茶《こうちゃ》を飲《の》みたい人《ひと》へ

WHAT A WONDERFUL TEA WORLD《ホワット ア ワンダフル ティー ワールド》!

2023年３月31日　第１刷発行
2024年５月20日　第４刷発行

著　者　田中《たなか》 哲《さとし》

発行者　平野健一

発行所　株式会社主婦の友社

〒141-0021　東京都品川区上大崎 3-1-1目黒セントラルスクエア

電話 03-5280-7537（内容・不良品等のお問い合わせ）　03-5280-7551（販売）

印刷所　大日本印刷株式会社

ISBN978-4-07-454267-3